재미있게 배우는

비주얼 베이직 2017

기초에서 응용까지

재미있게 배우는

비주얼 베이직 2017

기초에서 응용까지

강현석 지음

경상국립대학교출판부

저자의 말

비주얼 베이직(Visual Basic)은 윈도우즈 환경의 프로그래밍 언어로 초보 프로그래밍 언어의 대명사격인 베이직 언어를 시각화한 언어이다. 버전 6이 2009년 발표된 이후 오랫동안 매우 널리 사용되어 왔으며 지금도 여전히 많은 사용자층을 확보하고 있다. 가장 큰 이유는 처음 프로그래밍을 접하는 초보자들도 배우기가 쉽고, 본인이 원하는 프로그램을 빠르게 개발할 수 있기 때문이다. 현재는 지속적인 버전 업을 통해 최신의 프로그래밍 개념들을 적극적으로 수용하여 웬만한 전문 프로그램도 개발할 수 있도록 지원하고 있다. 그 결과로 가장 최근에 나온 버전이 비주얼 베이직 2017이다. 이것은 비주얼 베이직의 이전 버전들(특히, 버전 6 계열)이 가지고 있는 기본 기능들을 가능한 한 유지하고 개선하면서 향상된 기능들도 몇 가지 추가하였는데, 무엇보다도 객체 지향 프로그래밍의 개념을 충실히 수용하였다.

이 책은 이 비주얼 베이직 2017을 이용하여 기초적인 프로그램부터 고급 응용 프로그램을 개발해 볼 수 있도록 집필하였다. 즉, 비주얼 베이직 2017 프로그래밍 개발 환경에서 시도할 수 있는 기초적인 작업부터 고급 기능을 이용한 각종 응용 프로그램을 개발하는 방법까지 예시를 통해 제시하여 초보자도 자연스럽게 전문적인 프로그래머 수준까지 도전해 볼 수 있도록 학습 내용을 구성하였다. 이를 위해 앞 장에서는 간단한 예제들을 통해 프로그램 개발에 필요한 기본 기능들을 익힐 수 있게 하였으며, 뒷 장에서는 고급 기능들로 구성된 하나의 큰 프로그램을 완성해 나갈 수 있도록 체계적으로 구성하였다. 따라서 학습자가 점차적으로 프로그래밍에 대한 자신감과 비전을 가질 수 있도록 배려하였다.

또한 이 책은 대학에서의 기초 프로그래밍 과정의 한 학기 교재로 사용하기에 적합하도록 개발하였다. 각 장은 실습과 함께 주당 4시간(이론 2시간/실습 2시간) 정도의 시간을 할애하는 강좌에 사용할 수 있도록 13개의 장으로 구성하였다. 따라서 매주 1장씩 진도를 나가면서 작은 프로그램들을 경험하고 최종적으로는 자신만의 프로젝트 과제를 계획하고 작성해 봄으로써 프로그래밍의 전 과정을 완성해 볼 수 있도록 구성하였다.

이 책의 개발에 경상대학교 컴퓨터과학과의 이점숙 강사님과 교양 과목의 실습을 담당하고 있는 조교들의 도움이 많았다. 특히, 박환수 선생, 백재경 선생, 김성언 선생, 정선미 선생의 도움이 컸다. 일반 학부 학생들의 교양 강좌에서 학생들의 실습 강의를 하면서 알게 된 것들에 대해 조언해 주고, 실습 내용에 대한 피드백을 해 주었을 뿐만 아니라 이 책의 초안을 작성하는 데에 많은 도움을 주었다. 이들에게 깊은 감사를 표한다.

저자는 앞으로도 이 책이 더 알찬 교재가 될 수 있도록 지속적으로 연구하고 개선해 나갈 것을 약속한다.

2017년 겨울 강현석

차례

10

1장

비주얼 베이직 2017 시작하기

비주얼 베이직(Visual Basic) 2017은 마이크로소프트(Microsoft)사에서 개발한 윈도우즈용 프로그래밍 언어로써 마이크로소프트 비주얼 스튜디오 제품군 중의 하나이다.

이 장에서는 비주얼 베이직 2017의 특징을 알아본 후 실제로 프로그래밍을 하기 위한 준비로 비주얼 베이직 2017 Express의 개발 환경에 대해 살펴본다.

NEWS

1.1 비주얼 베이직 2017의 특징

비주얼 베이직 2017(앞으로는 간단히 비주얼 베이직이라 이름한다)은 예전의 프로그래밍 언어 베이직(BASIC)과 마찬가지로 배우고 사용하기 쉽게 설계되었다. 비주얼 베이직은 간단한 GUI 방식의 응용 프로그램을 개발 가능하게 할 뿐만 아니라, 복잡한 데이터베이스 프로그램 및 통신 프로그램의 개발도 가능하게 한다. 비주얼 베이직에서의 프로그래밍은 일반적으로 사용자가 접하게 되는 화면을 먼저 디자인하고 코딩을 하는 과정을 거치게 된다.

우선 디자인은 사용자 화면을 설계하는 것으로 폼(Form)이라는 개체 위에 사용자들이 프로그램을 운용하기 위한 컨트롤(Control)들을 배치하는 과정이다. 컨트롤들은 기본적으로 여러 가지 속성들을 가질 수 있으며 특별한 기능을 수행할 수 있도록 미리 설계되어 있다. 그리고 기능 확장을 위해 추가적인 코드를 더 작성해 넣을 수 있다. 실제로 각 컨트롤에 대해서는 이미 기본적인 속성과 역할이 설정되어 있기 때문에 간단한 프로그램을 작성할 경우에는 프로그래머가 많은 노력을 기울이지 않고도 시각적인 윈도우즈 프로그램을 만들 수 있다.

폼 위에 컨트롤을 배치하는 과정은 드래그 앤 드롭(Drag and Drop) 방식으로 이루어진다. 이는 텍스트박스(TextBox), 버튼(Button) 등과 같은 컨트롤들을 마우스로 끌어다가 폼 위에 가져다 놓는 방식이다. 컨트롤들의 기본 속성 값들은 컨트롤이 만들어질 때 기본 값이 정해지지만 속성 창이나 코딩을 통해서 프로그래머가 수정할 수 있다. 따라서 각 컨트롤의 속성 값들은 프로그램이 실행되는 중에 외부 환경의 변화나 사용자의 조작 또는 이미 프로그래밍되어 있는 명령에 의해서 변경될 수 있다. 그리고 각 컨트롤은 그 컨트롤에 특별한 사건이 발생했을 때 수행될 코드(Code), 즉 이벤트 처리기와 연결된다. 이러한 비주얼 베이직의 특징을 이용하면 자유롭게 동적인 응용 프로그램을 개발할 수 있다. 예를 들어, 어떤 이벤트가 발생했을 때 현재 창의 크기가 변경되기를 원한다면 그 이벤트 처리기 속에 폼의 'Resize' 속성을 변경하는 코드를 삽입하면 된다. 이러한 방법을 통해서 특정 컨트롤이 계속해서 창의 중앙에 위치하게 하거나 창 전체를 다 채우도록 함으로써 사용자가 프로그램을 사용하는 데 불편하지 않도록 제어할 수 있게 된다. 또 하나의 예로, 텍스트박스에 글자를 입력할 때 소문자를 입력해도 대문자로 변환되어 나오도록 하기 위해서는 텍스트박스의 'KeyPress' 이벤트 처리기 속에 소문자이면 대문자로 변환하여 나타나도록 하는 코드를 삽입하면 된다.

비주얼 베이직은 실행 파일, ActiveX 컨트롤, DLL 파일을 만들 수 있다. 하지만 비주얼 베이직의 가장 기본적인 사용 용도는 마이크로소프트 윈도우즈용 응용 프로그램과 데이터베이스 조작 프로그램의 개발에 있다. 앞에서 설명한 바와 같이 컨트롤들에 대하여 어떤 사건이 발생했을 때 수행되기를 원하는 작업이 있다면 프로그래머가 이벤트 처리기 속에 그에 해당하는 명령 코드를 추가해야 하지만, 비주얼 베이직의 컨트롤들은 대부분 메소드(Method)라고 하는 간단한 기본 기능들을 미리 구현해 두었다. 즉, 텍스트박스에 문자가 입력될 때 소문자를 대문자로 바꿀 수도 있지만 폼 위의 여러 텍스트박스 중에서 특정 하나의 텍스트박스에 글자를 입력할 수 있도록 커서(cursor)의 위치가 자동으로 이동하도록 지시할 수도 있다.

지금까지 이야기한 비주얼 베이직의 특징들을 정리하면 다음과 같다.

1) 윈도우즈용 응용 프로그램을 개발하는 언어이다.
윈도우즈 운영 체제에서만 실행될 수 있다.

2) 배우기가 쉽다.
프로그램을 구성하는 문장의 문법과 작성 규칙이 매우 간단하다.

3) 비주얼 언어이다.
사용자를 위한 시각적인 GUI 환경을 쉽게 구현할 수 있다.

4) 이벤트 유도 프로그래밍(Event Driven Programming) 언어이다.
특정 사건이 발생했을 경우에 이벤트(Event)가 발생하고, 이때 미리 등록해 놓은 처리 코드인 이벤트 처리기가 실행된다.

5) 통합 개발 환경을 제공한다.
하나의 통합된 환경에서 화면 설계, 코딩, 컴파일, 프로그램 실행, 디버깅 등의 작업을 함께 할 수 있다.

1.2 다른 언어와의 차이

비주얼 베이직은 C 계열의 다른 언어들과 비교했을 때, 대표적으로 다음과 같은 차이점들을 보인다.

1) 다중 할당은 불가능하다.
비주얼 베이직에서 코드 A = B = C 는 변수 A, B, C의 값을 같게 하지 않는다. 즉, C 계열 언어에서는 변수 A, B, C의 값이 같게 되지만, 비주얼 베이직에서는 B = C의 비교 결과가 A에 들어가게 되어 A는 참 또는 거짓에 해당하는 논리 값이 된다.

2) 논리 및 비트 연산자가 통합되어 있다.
이는 논리 연산자와 비트 연산자가 구분되어 있는 펄(Peal)과 같은 C 계열 언어와는 다르다. 이는 베이직 언어의 전통적인 특징이기도 하다.

3) 가변 배열 기반이다.
배열의 정의는 파스칼(Pascal)이나 포트란(Fortran)과 유사하게 최대 한계(Upper Bound)와 최소 한계(Lower Bound)의 지정을 통해 이루어진다. 이때 Option Base 구문을 통해 최소 한계를 미리 지정할 수도 있다.

4) 실수를 정수로 바꿀 때, 기본적으로 Round 함수를 통해 반올림한다.
반올림 방법으로는 Round-to-even을 사용한다. 일반적인 나누기 연산자인

/를 통해서는 자동적으로 정수가 실수로 변환된다. 한편, 자동으로 반올림을 하는 정수 나누기 연산자인 \도 있다.

5) 만약 변수가 기본 값으로 선언되어 있지 않거나 자료형이 선언되지 않았을 경우에는 변수가 Variant 형으로 선언된다.

그러나 이것은 DefInt, DefBool, DefVal, DefObj, DefStr와 같은 DefType 구문을 통해 바꿀 수 있다. 또한 무조건 명시적인 변수 선언만 허용하도록 할 수도 있는데, 이때는 Option Explicit 구문을 사용한다.

1.3 비주얼 베이직 2017 Express 시작하기

비주얼 베이직 2017 Express는 비주얼 베이직 2017 프로그래밍을 할 수 있도록 마이크로소프트사에서 제공하는 제품으로 응용 프로그램을 개발하는 환경을 말한다. 여기서는 이의 사용 방법을 익히기 위해 실행과 새 프로젝트 생성 방법 및 화면의 구성 요소에 대해 알아본다.

비주얼 베이직 2017은 윈도우즈 운영 체제에서 [시작] - [모든 프로그램] - [Visual Studio 2017]을 선택하거나, 바탕 화면의 'Visual Studio 2017' 바로가기 아이콘을 더블 클릭하여 실행할 수 있다.

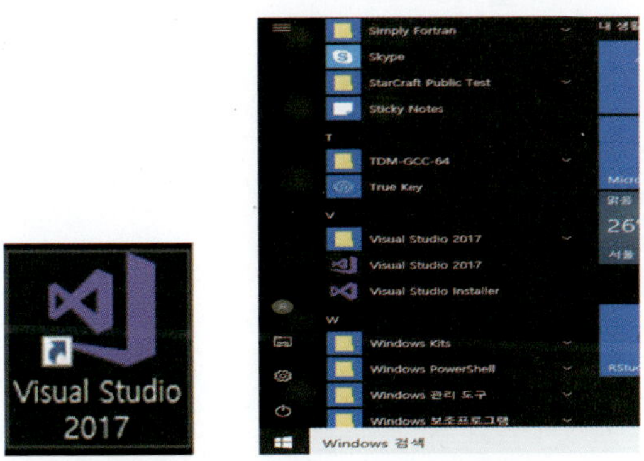

<그림 1-1> 비주얼 베이직 2017 실행 방법

프로그램을 실행하면 나타나는 시작 페이지에서 [새 프로젝트]를 클릭하거나 [파일]-[새 프로젝트] 메뉴를 선택한 후, [새 프로젝트] 대화 상자에서 'Windows Forms 응용 프로그램' 템플릿(Template)을 선택하고 파일명을 입력하면 비주얼 베이직 프로그램 작성에 필요한 기본 준비가 끝이 난다.

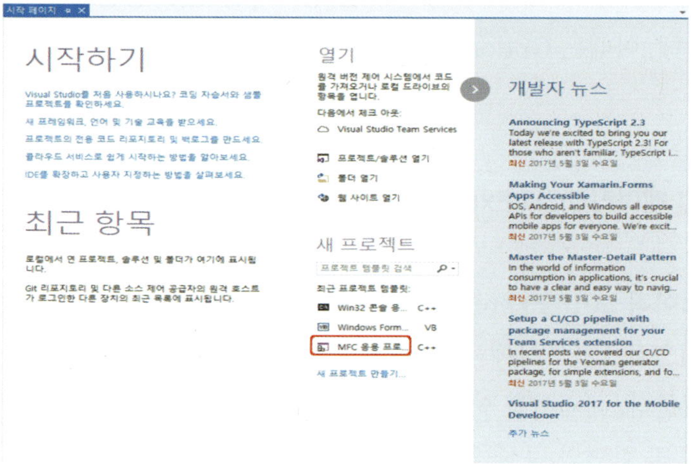

<그림 1-2> 비주얼 베이직 2017 시작 화면

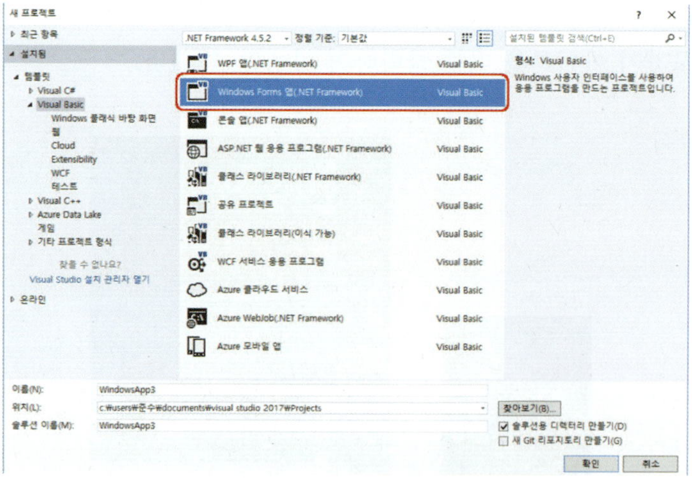

<그림 1-3> 새 프로젝트 생성

1.4 비주얼 베이직 2017 Express의 화면 구성

비주얼 베이직 2017 Express 화면은 <그림 1-4>와 같이 8개의 창으로 구성된다. 각 창들의 기능을 알아본다.

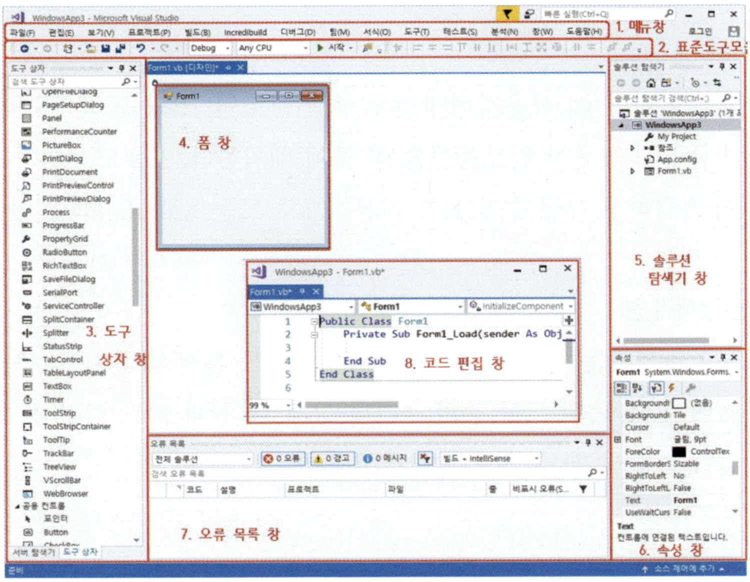

<그림 1-4> 비주얼 베이직 2017 Express 화면 구성

1) 메뉴 창

모든 작업 명령을 풀다운 메뉴 방식으로 제공한다.

2) 표준 도구 모음 창

자주 사용하는 메뉴 항목을 아이콘으로 만들어서 모아 놓은 것이다. 아이콘에 커서를 올려놓으면 그 기능에 대한 풍선 도움말인 툴 팁(Tool Tip)을 보여준다.

3) 도구 상자 창

프로그램을 작성할 때 사용하는 컨트롤들을 모아 놓은 것이다. 컨트롤은 화면 디자인을 할 때 필요한 텍스트박스, 버튼, 체크박스 등의 기본적인 구성 요소들로 사용자 화면의 구성에 필요한 시각적인 요소들이다.

4) 폼 창

프로그램을 실행할 때 사용자에게 보일 화면으로써, 코딩을 하기 전에 먼저 프로그램 운영에 필요한 컨트롤들을 이 곳에 배치한다. 프로그래머가 컨트롤들을 쉽게 정렬하고 그릴 수 있도록 기본적으로 모눈으로 표시되어 있다.

5) 솔루션 탐색기 창

프로젝트를 구성하는 폼과 모듈, 클래스와 리소스, 문서 파일 구조 등을 체계적으로 보여 준다. 폼과 모듈 등의 추가나 삭제, 폼 창과 코드 편집 창 등의 활성화 등을 편리하게 할 수 있도록 관리한다.

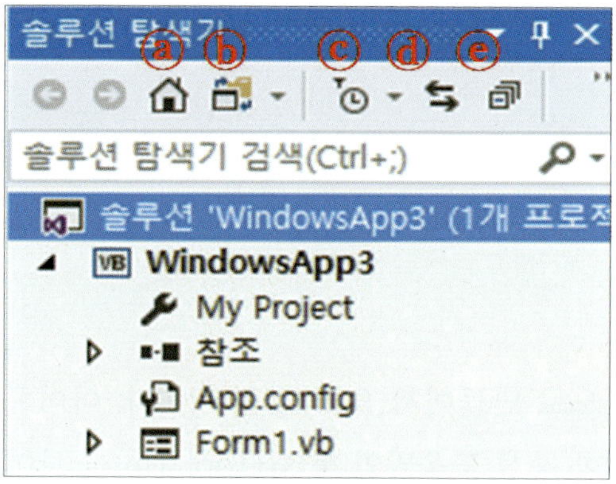

ⓐ 홈 창으로 이동
ⓑ 솔루션 및 폴더
ⓒ 변경 내용 필터
ⓓ 활동 문서 동기화
ⓔ 모두 축소

<그림 1-5> 솔루션 탐색기 창

6) 속성 창

각 컨트롤의 속성을 보여 주는 창으로, 속성 값을 직접 편집할 수 있고 그 결과를 즉시 확인할 수 있다. 코드 편집 창에서 속성 값을 지정하거나 변경할 수도 있지만 모두 일대일로 대응되지는 않는다.

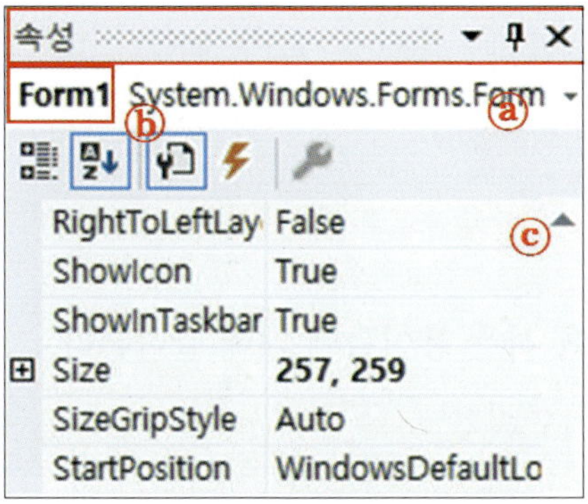

ⓐ 컨트롤 목록 상자

ⓑ 정렬 탭(항목별, 사전 순)

ⓒ 속성 표시

<그림 1-6> 속성 창

7) 오류 목록 창

코드 작성 시 구문 오류나 컴파일 오류가 있는 경우에 오류의 내용을 보여 주는 창이다.

8) 코드 편집 창

프로그램의 명령 코드를 직접 입력하거나 편집하는 곳으로 처음부터 나타나지는 않으며, 다음의 세 가지 방법으로 열 수 있다.

- 폼 창에서 코드를 작성할 컨트롤을 더블 클릭한다.
- 컨트롤 위에서 마우스의 오른쪽 버튼을 누르고 [코드 보기]를 선택한다.
- 메인 메뉴에서 [보기] - [코드]를 선택한다.

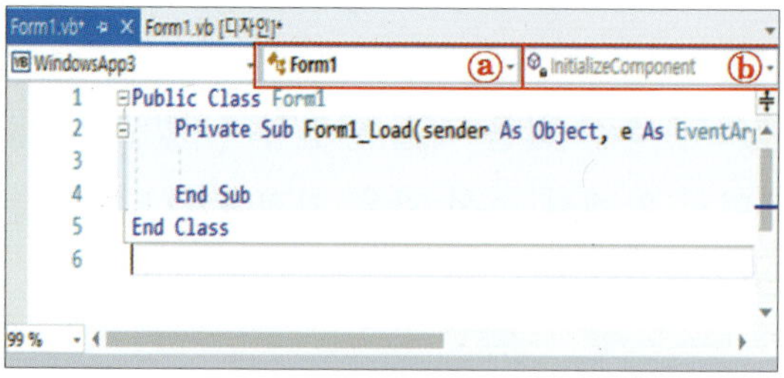

ⓐ 목록 상자

ⓑ 프로시저 목록 상자

<그림 1-7> 코드 편집 창

1.5 비주얼 베이직을 특징짓는 용어들

비주얼 베이직을 좀 더 잘 이해할 수 있도록 하는 용어들에 대해 알아본다.

1) 개체(Object)

데이터를 가질 수 있고 어떤 동작을 수행할 수 있는 단위를 의미한다. 프로그래밍 개체는 응용 프로그램의 개체 모델이라는 계층 구조 내에서 체계적으로 관련된다. 예를 들어 폼, 컨트롤 등이 개체에 포함된다.

2) 클래스(Class)

개체를 만들기 위한 틀을 말한다. 비주얼 베이직의 각 개체는 클래스에서 정의한다. 클래스는 개체의 변수, 속성, 프로시저 및 이벤트를 설명하는데, 클래스를 정의한 후에는 필요한 만큼 개체들을 만들 수 있다.

3) 코딩(Coding)

응용 프로그램의 코드는 명령을 수신할 수 있는 개체라는 항목을 나타내는 방식으로 작성된다. 사용자는 응용 프로그램의 여러 개체로 명령을 보내는 방식으로 응용 프로그램과 상호 작용하게 된다. 응용 프로그램에는 이러한 개체가 다수 포함되어 있으며, 응용 프로그램마다 서로 다른 유형의 개체들을 사용할 수 있지만 제한도 있다. 즉, 각 개체는 원래 지정된 작업만 수행할 수 있으며 사용자가 명령하는 작업만 수행한다.

4) 폼(Form)

사용자가 컨트롤을 올려놓아 시각적으로 편집할 수 있는 창을 의미한다.

5) 속성(Attribute) 및 메소드(Method)

개체가 가질 수 있는 값을 속성이라고 하며, 개체의 데이터가 이에 해당된다. 반면에 메소드는 개체가 수행할 수 있는 행위를 의미한다. 개체의 속성을 설정하고 난 후, 메소드를 호출하여 개체를 조작할 수 있다. 속성을 설정하면 개체의 일부 성격이 변경되고, 메소드를 호출하면 개체가 특정 작업을 수행한다.

6) 이벤트(Event)

폼이나 컨트롤을 대상으로 사용자나 시스템에 의해 발생할 수 있는 사건을 말한다.

7) 이벤트 처리기(Event Procedure)

이벤트가 발생했을 때 자동으로 호출되는 처리기를 말한다.

8) 컨트롤(Control)

사용자가 응용 프로그램과 상호 대화를 하면서 사용하게 될 개체를 그래픽으로 표현한 것을 말한다. 폼 위에 배치될 수 있는 버튼, 메뉴, 텍스트박스 등과 같은 도구들이다.

확인 학습 문제

1. 비주얼 베이직과 관련된 다음 용어들의 뜻을 설명해 보자.

(1) 통합 개발 환경

(2) 이벤트 중심의 프로그래밍

(3) 비주얼 언어

(4) 메소드

2. 비주얼 베이직의 어떤 작업 창에 대한 설명인지 답해 보자.

(1) 프로그램을 실행할 때 사용자에게 보일 화면을 디자인하는 곳이다. .... (   )

(2) 특정 개체에 발생되는 이벤트에 대한 코드를 작성하는 곳이다. .... (   )

(3) 화면 디자인에 사용되는 컨트롤들을 모아 놓은 곳이다. .... (   )

(4) 선택된 컨트롤에 대한 속성들의 목록과 속성 값을 보여 준다. .... (   )

2장

간단한 계산기로 익히는 연산자

이 장에서는 첫 프로그램으로 사용자가 입력한 두 수에 대하여 산술 연산을 수행하는 간단한 계산기 프로그램을 만들어 본다. 이 과정을 통해 프로그램 속에서 데이터를 다루기 위해 필요한 변수(Variable)의 개념을 먼저 이해하고 비주얼 베이직에서 제공하는 연산자들을 이용하여 데이터를 처리하는 기법들을 학습한다.

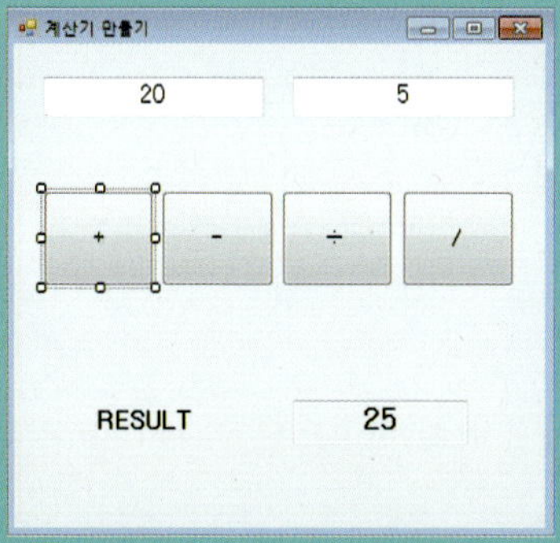

2.1 변수

변수는 비주얼 베이직 프로그램에서 처리할 데이터와 계산의 중간 결과를 임시로 저장하기 위한 기억 장소로서 컴퓨터 시스템의 구성 요소 중 주기억 장치의 일부를 사용하게 된다. 따라서 프로그램에서는 변수 선언을 통해서 데이터를 저장하기 위한 변수명과 그 변수에 저장될 데이터의 형식에 대해 미리 알려 주어야 한다. 비주얼 베이직에서의 변수 선언은 기본적으로 Dim을 사용하며 형식은 다음과 같다.

```
Dim 변수 명 [As 자료형]
```

변수 선언은 변수 명과 자료형(Data Type)으로 구성된다. 여기서 변수 명은 변수의 역할이나 기능을 파악할 수 있도록 의미있는 이름을 정하여 사용하는 것이 프로그램 작성 및 이해에 도움이 된다. 변수명은 반드시 다음의 규칙에 따라 만들어야 한다.

- 첫 문자는 반드시 한글이나 영문자, 밑줄(_)로 시작해야 한다.
- 한글, 영문자, 숫자, 밑줄(_)은 중간 문자로 사용할 수 있으나, 마침표(.)나 형식 선언 문자(%, &, !, @, #, $), 작은 따옴표(") 등은 포함할 수 없다.
- Sub, End, Dim, For 등의 예약어(Reserved Word)는 사용할 수 없다.
- 영문 대문자와 소문자는 동일하게 취급한다.
- 같은 범위 내에서 중복된 이름을 가져서는 안 된다.

다음은 위 규칙에 따라서 바르게 만들어진 경우와 잘못 만들어진 변수명의 예이다.

- frmSum, int_sum, 국어, 영어, kor성적: 올바른 변수 명
- End, 2name, n*n, kor성적: 잘못된 변수 명

  * 잘못된 이유: 예약어, 숫자로 시작, 특수 문자 사용, 공백 문자 사용

자료형은 정수, 실수, 문자열 등과 같이 변수에 저장될 데이터의 유형을 나타낸다. 숫자나 문자를 모두 수용할 수 있는 가변형(Variant Type)이 있는데, 이것은 다양한 데이터를 저장할 수 있으므로 효율적이라 생각할 수 있겠다. 하지만 가변형 변수에는 어떤 형태의 자료가 저장될 지 미리 알 수 없으므로 실제 필요한 바이트(Byte, 메모리의 저장 단위, 8비트이다)보다 더 많은 양의 바이트를 할당하게 된다. 이 때문에 오히려 과다한 메모리 사용과 이에 따른 처리 속도 저하 등의 문제를 일으킬 수 있다. 따라서 프로그램 내에서 변수를 사용하고자 할 때에는 가능한 한 저장될 데이터의 유형에 맞는 자료형을 지정해 주는 것이 좋다.

다음은 Dim을 사용한 변수 선언의 다양한 예이다.

```
Dim num As Integer
Dim  ave As Double
Dim name As String
Dim A, B, C As Integer
Dim num As Integer, name As String
```

위 선언문에서 as 뒤의 키워드들이 각 변수에 저장된 데이터의 유형을 결정하는 자료형(Data Type)이다. Integer는 정수형을 의미하며, Double은 실수형, String은 문자열형을 의미한다. 즉, 각 변수에 그 유형의 자료를 저장할 수 있다는 뜻으로 변수에 저장할 값의 형식은 선언된 형식과 일치하는 것을 기본으로 한다.

위와 같이 선언된 변수에 값을 대입하기 위해서는 대입 연산자 '='을 사용하여 num = 100 과 같이 작성한다. 변수에 값을 대입하는 예는 다음과 같다.

```
num = n + 200
ave = (A + B + C) / 3.0
name = "홍길동"
```

비주얼 베이직에서 제공하는 주요 자료형은 [표 2-1]과 같다.

1) 변수 선언의 방법

비주얼 베이직에서의 변수 선언은 구체적으로 명시적 선언 방법과 묵시적 선언 방법이 있다.

① 명시적 선언 방법

변수의 명시적 선언 방법은 앞에서 본 것과 같이 변수 선언자 Dim을 사용하여 변수를 선언하는 것으로, 이 과정에서 변수는 저장할 수 있는 정보의 형태가 결정된다.

[표 2-1] 자료형의 종류

<table>
<tr><th>자료형</th><th>키워드</th><th>크기(Byte)</th><th>값의 범위</th><th>가능한 연산</th></tr>
<tr><td rowspan="3">정수형</td><td>Byte</td><td>1</td><td>0 ~ 255(부호 없음)</td><td rowspan="5">산술
연산

관계
연산

비트
연산</td></tr>
<tr><td>Integer</td><td>4</td><td>-2,147,483,648 ~ 2,147,483,647</td></tr>
<tr><td>Long</td><td>8</td><td>Integer 형식처럼 부호가 존재
Integer 형식보다 규모가 큰 정수형에 사용</td></tr>
<tr><td rowspan="2">실수형</td><td>Single</td><td>4</td><td>음수: -3.402823E38 ~ -1.401298E-45
양수: 1.401298E-45 ~ 3.402823E38
실수, 정수 모두 표현</td></tr>
<tr><td>Double</td><td>8</td><td>음수: -1.79769313486232E308
~ -4.94065645841247E-324
양수: 4.94065645841247E-324
~ -1.79769313486232E308</td></tr>
<tr><td>논리형</td><td>Boolean</td><td>2</td><td>True 또는 False
숫자형 값이 논리형으로 변환될 때, 0은 False로, 그 밖의 값은 True로 변환
논리형의 값이 숫자형으로 변환될 때, False는 0으로, True는 -1로 변환</td><td>논리
연산</td></tr>
<tr><td>문자열</td><td>String
플랫폼에
따라 상이함</td><td>고정 길이
가변 길이</td><td>1 ~ 65,400자
0 ~ 약 2조 자</td><td>연결
연산</td></tr>
<tr><td rowspan="2">가변형</td><td>Variant
(숫자)</td><td></td><td>Double형 범위 내의 모든 숫자</td><td>숫자형과
동일</td></tr>
<tr><td>Variant
(문자)</td><td></td><td>22+문자열 길이</td><td>문자열형과
동일</td></tr>
</table>

사용 형식은 다음과 같다.

```
Dim 변수 이름 [As 데이터 형식]
```

아래와 같이 선언된 형식과 입력된 값의 형식이 다르면 오류가 발생하게 된다.

```
Dim Kor As Integer '정수를 저장하기 위한 Kor 변수 선언
Kor = "홍길동"
```

As 절을 생략하여 형식을 명시하지 않고 변수를 선언하는 경우에 선언된 변수의 데이터 형식은 맨 처음 입력된 값의 형식에 따라 결정된다. 따라서 아래와 같이 형식을 명시하지 않고 변수를 선언할 수 있다.

```
Dim no2 = 5
```

이 경우에 변수 no2는 정수로 형식이 자연스럽게 결정된다.

프로그램에서 변수를 반드시 선언한 후 사용하도록 강제하려면 선언 영역에 Option Explict 구문을 추가하면 된다.

② 묵시적 선언 방법

Dim과 같은 선언자를 사용하여 변수 형을 미리 정하지 않고 변수를 사용하는 방법이다. 이 경우는 저장되는 값에 따라 자동으로 형식이 결정된다.

다음의 경우와 같은 방식이다.

```
Kor = "홍길동" 'Kor 변수에 "홍길동" 저장
```

이 문장에 의해 Kor라는 변수는 "Dim Kor As String"이라고 선언한 것과 같은 결과를 낳는다. 묵시적 선언은 해당 변수에 첫 번째로 들어가는 값에 따라 변수의 형태가 결정되기 때문이다. 그러나 이러한 방법은 프로그램 작성 중 오류를 일으킬 가능성이 높기 때문에 가능하면 명시적으로 변수를 선언하는 것이 좋다.

2) 변수의 종류

변수는 그것이 사용되는 유효 범위 및 수명에 따라 지역 변수, 모듈 변수, 전역 변수, 그리고 정적 변수로 구별된다. [표 2-2]는 변수를 선언할 때 이들 변수의 종류를 결정짓는 선언자들에 대하여 정리한 것이다.

[표 2-2] 변수의 종류

선언자	변수의 종류	선언 위치	통용 범위	수명
Dim	지역 변수	프로시저 내	선언된 프로시저 내	프로시저 호출 ~ 프로시저 종료
Private(or Dim)	모듈 변수	모듈 내	해당 모듈 내	프로그램 시작 ~ 프로그램 종료
Public	전역 변수	표준 모듈 내	전체 프로그램	
Static	정적 변수	프로시저 내	선언된 프로시저 내	

① 지역 변수

지역 변수는 프로시저(Procedure, 단위 프로그램) 내부에서 Dim으로 선언된 변수로서 선언된 프로시저 내에서만 사용될 수 있으며, 프로시저가 호출될 때 메모리가 할당되고 프로시저가 종료될 때 메모리가 회수된다.

```
Private Sub Button1_Click(sender As System.Object, e As System.EventArgs)
Handles Button1.Click
    Dim sum As Integer
    Dim pass As String
    If sum > 60 Then
        pass = "ok"
    End If
    TextBox1.Text = sum
    TextBox2.Text = pass
End Sub
```

여기서 sum과 pass는 지역 변수이다.

② 모듈 변수

모듈 변수는 프로시저 내부가 아닌 코드 편집 창 상단의 '(일반)' 부분, 즉 모듈 수준에서 Dim 또는 Private으로 선언된 변수이다. 이렇게 선언된 변수는 그 모듈(Module, 프로시저들의 모임) 내에 속하는 모든 프로시저들에서 공유하여 사용할 수 있다.

```
Private total As Integer
Sub total_plus()
    total = total + 1
End Sub
Sub Total_minus()
    total = total - 1
End Sub
```

여기서 total은 모듈 변수이다.

③ 전역 변수

전역 변수는 일반적으로 표준 모듈 내에서 Public을 통해 선언되며, 이렇게 선언된 변수는 프로젝트(Project, 모듈들의 모임으로 응용 프로그램의 단위) 내의 모든 프로시저들에서 공용으로 사용할 수 있다. 이 변수를 위한 메모리 공간은 프로그램이 실행될 때 할당받아서 프로그램이 종료될 때 회수된다.

```
Public notice_all As String
```

여기서 notice_all은 전역 변수이다.

④ 정적 변수

정적 변수는 일반적으로 프로시저 내에서 Static 선언자를 통해서 선언된다. 사용 범위가 선언된 프로시저 내부로 제한되지만 프로시저가 종료되더라도 할당된 메모리와 값을 그대로 유지하고 있다가 프로그램이 종료될 때 메모리가 회수되어 변수의 생명이 끝난다.

```
Private Sub Button1_Click(sender As System.Object, e As System.EventArgs)
Handles Button1.Click
    Static int_test As Integer
    int_test = int_test + 1
End Sub
```

여기서 int_test는 정적 변수이다.

2.1.1 숫자형 변수

덧셈이나 뺄셈 등과 같은 산술 연산을 수행하기 위해서는 값을 저장할 변수를 숫자형(Numeric)으로 선언해야 한다. [표 2-3]은 숫자형 변수의 선언 및 변수에 숫자형 값을 대입하는 문장들의 예이다.

[표 2-3] 숫자형 변수의 선언 및 사용 예

코드	결과	설명
Dim Eng As Byte Eng = 90	90 (Byte형)	오른쪽 자료의 값이 왼쪽 변수의 자료형 Byte형으로 자동 형 변환되어 대입된다. Eng 변수의 값은 Byte형이므로 0~255까지의 값을 수용할 수 있으므로 90을 저장하기에 적합하다.
Dim Eng As Byte Eng = 89.5	89 (Byte형)	실수형 값 89.5이 89라는 Byte형 정수로 자동 변환되어 대입된다.
Dim Kor As Integer Dim Eng As Long Dim Hap As Long Kor = 90 Eng = 80 Hap = Kor + Eng Print Hap	170 (Long형)	서로 다른 자료형의 변수에 대하여 값들이 연산을 할 경우에 표현 범위가 좁은 자료형이 넓은 자료형으로 자동 형 변환된 후 연산된다. Kor + Eng는 Integer형 90이 Long형 90으로 자동 형 변환된 후 연산된다.
Dim Sum As Single Sum = 50 +10.4 Print Sum	60.4 (Single형)	정수형과 실수형의 값을 연산할 경우 정수형이 실수형으로 자동 형 변환된다.
Dim i As Integer i = True Print i	-1 (Integer형)	논리형의 값이 숫자형으로 변환될 때 False는 0으로 True는 -1로 변환된다.
Dim i As Integer i = "123" + 123 Print i	246 (Integer형)	산술 연산자에 의해서 숫자형 문자열 "123"은 숫자 123으로 자동 형 변환되어 계산된다.
Dim Kor As Integer Kor = "A" Print A	오류	문자열형의 문자는 숫자형으로 변환이 불가능하다.
Dim i As Integer i = 32768 Print i	오류	정수형 변수는 -32,768~32767 범위 내의 정수를 저장할 수 있다. 따라서 이 경우는 Integer 대신 Long을 사용해야 한다.

비주얼 베이직에서는 형식 변환을 지원한다. 형식 변환은 다른 데이터 형식으로 값을 변경하는 것으로 변환은 대상 형식의 데이터 용량에 따라 확장 변환과 축소 변환으로 구분된다. 또한 소스 코드의 구문에 따라 명시적 변환과 묵시적 변환으로 구분된다. 명시적 변환에서는 형식 변환 키워드를 사용하며 비주얼 베이직에서는 괄호 안의 식을 원하는 데이터 형식으로 강제 변환하는 여러 가지 형식 변환(타입캐스팅) 함수를 제공한다. 묵시적 변환에서는 소스 코드에 특별한 구문이 필요하지 않다.

아래 [표 2-4]는 형식 변환 함수들이다.

[표 2-4] 데이터 형식 변환 (타입캐스팅) 함수

함수	반환 형식	표현식(expression) 인수의 범위
CByte(expression)	Byte	0 ~ 255
CInt(expression)	Integer	-32,768 ~ 32,767. 나머지는 반올림
CLng(expression)	Long	-2,147,483,648 ~ 2,147,483,647. 나머지는 반올림
CSng(expression)	Single	음: -3.402823E38 ~ -1.401298E-45 양: 1.401298E-45 ~ 3.402823E38
DCbl(expression)	Double	음: -1.79769313486232E308 ~ -4.94065645841247E-324 양: 4.94065645841247E-324 ~ 1.79769313486232E308
CBool(expression)	Boolean	적절한 문자식이나 수식
CCur(expression)	Currency	-922,337,203,685,477.5808~ 922,337,203,685,477.5807
CDate(expression)	Date	유효한 모든 날짜 식
CStr(expression)	String	CStr에 대한 반환은 expression 인수에 따라 달라진다.
CVar(expression)	Variant	숫자인 경우: Double과 같은 범위. 숫자가 아닌 경우: String과 같은 범위
CDec(expression)	Decimal	소수점 이하 단위가 없는 경우는 +/-79,228,162,514,264,337,593,543,950,335 소수점 이하 28자릿수의 값으로서 그 범위는 +/-7.9228162514264337593543950335. 가장 작은 표현 가능한 숫자는 0.0000000000000000000000000001

2.1.2 문자열형 변수

문자열을 다루기 위해서는 문자열형(String)으로 변수를 선언하여 사용해야 한다. [표 2-5]는 문자열형 변수 선언 및 사용 예를 보여 주고 있다.

[표 2-5] 문자열형 변수의 선언 및 사용 예

코드	결과	설명
Dim Name As String Name = "VB" Print Name	"VB" (String형)	문자열형 변수 = 문자열형 값
Dim Name As String Name = 1234 Print Name	"1234" (String형)	숫자형 1234가 문자열 "1234"으로 자동으로 형 변환된다.
Dim Name As String Name = True Print Name	"True" (String형)	논리형 True가 "True" 문자열로 자동으로 형 변환된다.

2.1.3 논리형 변수

참(True) 또는 거짓(False)과 같은 논리 값을 다루기 위해서는 논리형(Boolean) 변수를 사용해야 한다. [표 2-6]은 논리형 변수의 선언 및 사용 예이다.

[표 2-6] 논리형 변수의 선언 및 사용 예

코드	결과	설명
Dim Non As Boolean Non = True Print Name	True (Boolean형)	논리형 변수 = 논리형 값

Dim Name As Boolean Name = "-1234" Print Name	True (Boolean형)	"-1234"는 -1234, True(논리형)으로 자동 형 변환된다.
Dim No As Boolaen No = "A" Print No	오류	숫자형 문자열을 제외한 문자열은 논리형으로의 자동 형 변환이 불가능하다.
Dim Non As Boolean Dim Sum As Integer Sum = 10 + Non Print Sum	9 (Integer형)	산술/관계/비트 연산에서 True는 -1로, False는 0으로 자동 형 변환된다.

2.2 연산자

연산자(Operator)는 연산의 대상이 되는 피연산자(Oprand)들에 대하여 어떤 연산을 적용할 것인지를 컴퓨터에게 알리기 위한 목적에서 사용하는 기호이다. 비주얼 베이직 2017에서 지원하는 대표적인 연산자로는 산술 연산자, 관계 연산자, 논리 연산자, 대입 연산자, 연결 연산자 등이 있다.

2.2.1 산술 연산자

산술 연산자에는 더하기(+), 빼기(-), 곱하기(*), 나누기(/)를 수행하는 사칙 연산자들과 두 수를 나눈 나머지를 구하는 나머지 연산자(Mod), 거듭제곱을 구하는 거듭제곱 연산자(^), 그리고 몫을 구하는 몫 연산자(\) 등이 있다. [표 2-7]은 이 같은 산술 연산자들의 사용 예이다. 하나의 수식에 한 개 이상의 산술 연산자들이 포함되어 있을 때는 수학식에서와 마찬가지로 그들 사이에 우선순위가 있다. 우선순위(Precedence)란 여러 가지 연산자들이 포함된 식에서 무엇을 먼저 평가할 것인지 미리 약속된 처리 순서를 말한다.

[표 2-7] 산술 연산자의 사용 예

우선순위	연산자	기능	사용 예	결과
1	거듭제곱(^)	수의 거듭제곱	3 ^ 2	9
2	곱하기(*)	두 수의 곱	3 * 2	6
	나누기(/)	실수 나누기	5 / 2	2.5
3	몫(\)	정수 형태의 몫	10 \ 3	3
4	나머지(Mod)	나머지	10 Mod 3	1
5	더하기(+)	두 수의 합	10 + 3	13
	빼기(-)	두 수의 차	10 - 3	7

2.2.2 관계 연산자

관계 연산자는 두 수의 대소 관계를 비교하기 위해 사용되며, 관계 연산식의 결과는 True 혹은 False이다. 산술 연산자와는 달리 관계 연산자의 우선순위는 모두 동일하다. [표 2-8]은 관계 연산자들의 사용 예이다.

[표 2-8] 관계 연산자의 사용 예

우선순위	연산자	기능	사용 예	결과
1	<	작다	5 < 3	False
1	<=	작거나 같다	10 <= 5	False
1	>	크다	"b" > "a"	True
1	>=	크거나 같다	10 >= 5	True
1	=	같다	"a" = "aa"	False
1	<>	같지 않다	10 <> 9	True

2.2.3 논리 연산자

논리 연산자는 논리식의 참과 거짓을 판정하여 참(True) 또는 거짓(False)을 반환하는 연산자이다. And와 Or 등은 피연산자가 2개 필요한 이항 연산자이고, Not은 피연산자가 1개만 필요한 단항 연산자이다. [표 2-9]는 논리 연산자들의 사용 예이다.

[표 2-9] 논리 연산자의 사용 예

우선순위	연산자	사용 예	의미
1	Not	Not x	x가 True이면 False, False이면 True
2	And	x And y	x, y 둘 다 True일 때만 True
3	Or	x Or y	x, y 둘 다 False일 때만 True (둘 중 하나라도 True일 경우 True)
4	Xor	x Xor y	x와 y가 다르면 True, 같으면 False
5	AndAlso	x AndAlso y	x와 y가 같으면 True, 다르면 False
6	OrElse	x OrElse y	x가 True이고 y가 False이면 False, 그 외는 True

2.2.4 대입 연산자

일반적으로 "=" 기호는 수학에서는 '같다'는 의미로 사용되지만 프로그래밍에서는 '대입한다'는 의미로 사용된다. 대입 연산자 "="은 선언된 변수에 값을 입력하기 위하여 사용하는 연산자이다. 대입할 때는 값과 변수의 자료형이 일치해야 한다. 자료형이 일치하지 않을 경우에는 값의 자료형이 변수의 자료형으로 자동 변환되거나 오류가 발생한다. [표 2-10]은 대입 연산자의 사용 예이다.

[표 2-10] 대입 연산자의 사용 예

연산자	사용 예	의미
=	x = y	y의 값을 x에 저장한다. 오른쪽에서 왼쪽으로 대입한다.

대입 연산자 = 앞에는 값을 저장할 수 있는 변수가 와야 하고, 뒤에는 값을 저장하고 있는 변수나 값 자체, 또는 식이 올 수 있다. 다음과 같은 형식으로 사용하면 된다.

```
x = 10      →  올바른 사용
x = y + 1   →  올바른 사용
x + y = 5   →  잘못된 사용
5 = x       →  잘못된 사용
```

2.2.5 연결 연산자

연결 연산자는 두 개의 문자열을 결합하여 하나의 문자열을 반환하는 연산자이다. 두 가지가 사용되는데, 그 중 "+" 연산자는 문자열끼리만 연결할 수 있다. [표 2-11]은 연결 연산자들의 사용 예들이다.

[표 2-11] 연결 연산자의 사용 예

연산자	의미	사용 예
&	두 문자열을 연결 문자열과 수식을 연결	"Visual" & "Basic" → VisualBasic "12" & 34 → 1234 "12" & "34" → 1234
+	두 문자열을 연결 두 수의 덧셈	"Visual" + "Basic" → VisualBasic 12 + 34 → 46 "12" + "34" → 1234 "12" + 34 → 46 "Basic" + 90 → 오류

여기서 주의할 점은 숫자 문자열형("12") + 숫자형(34)에서 숫자 문자열형 "12"가 숫자형 12로 자동 형 변환된 후에 덧셈 연산이 수행되어 결과는 46이 된다는 것이다. 정리하면 + 연산에서의 자동 형 변환은 다음 [표 2-12]와 같은 규칙에 따라 이루어진다.

[표 2-12] 연결 연산자에서의 자동 형 변환

연산자	사용된 피연산자 형식	의미
x + y	x와 y 모두 수	덧셈(산술 연산)
	x와 y 모두 문자열	문자열 연결(연결 연산)
	x는 수식, y는 숫자 문자열 (혹은 그 반대인 경우)	숫자 문자열이 수식으로 변환된 후 덧셈(산술 연산)
	x는 수식, y는 문자열 (혹은 그 반대인 경우)	오류 발생

2.2.6 연산자 우선순위

연산자가 두 개 이상 포함되어 있는 식에서는 어떤 연산자를 먼저 평가하느냐에 따라 그 결과가 완전히 달라질 수 있다. 그러므로 비주얼 베이직에서는 수식을 코딩할 때 미리 정해진 순서 즉, 우선순위에 따라 식을 계산하도록 되어 있으며 우선순위에 관계없이 우선적으로 계산되기를 원하는 부분은 괄호를 사용해야 한다. 따라서 연산자의 평가 순서는 '괄호 연산자 → 산술 연산자 → 연결 연산자 → 관계 연산자 → 논리 연산자' 순으로 정해지며, 우선순위가 같은 연산자가 나란히 올 때는 왼쪽에서 오른쪽으로 연산이 수행된다. 연산자들 간의 우선순위를 정리하면 [표 2-13]과 같다.

[표 2-13] 연산자들 간의 우선순위

연산자	사용 형식	우선순위
산술 연산자	^ (거듭제곱)	높음
	*, / (곱셈과 나눗셈)	
	\ (몫)	
	Mod (나머지)	
	+, - (덧셈과 뺄셈)	
연결 연산자	& (문자열 연결)	
관계 연산자	<, <=, >, =>, =, <>	
논리 연산자	Not	
	And	
	Or	
	Xor	
	AndAlso	
	OrElse	낮음

2.3 계산기 만들기

지금까지 학습한 변수와 연산자에 대한 지식을 기초로 하여, <그림 2-1>과 같은 사용자 인터페이스에서 수행되는 간단한 계산기 프로그램을 만들어 본다. 이것은 사용자가 입력한 두 개의 수를 받아 사칙 연산을 수행하는 계산기 프로그램이다. 프로그램의 전반적인 실행 흐름은 다음과 같다.

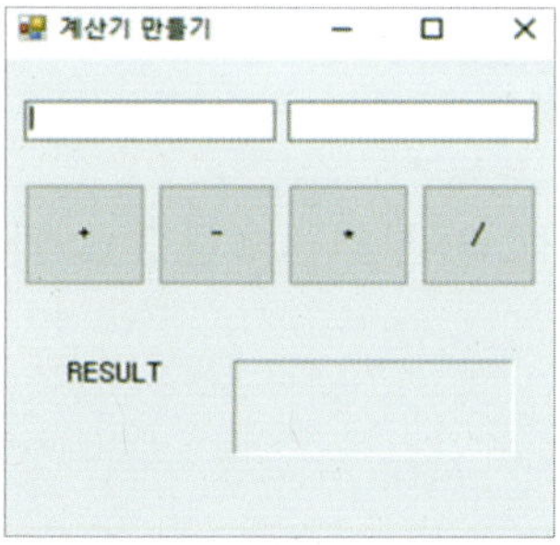

<그림 2-1> 계산기의 사용자 화면

① 텍스트박스를 통해 두 수를 입력받는다.

② +, -, *, / 버튼 중의 한 버튼을 클릭하면 입력받은 두 수에 대하여 각각 덧셈, 뺄셈, 곱셈, 나눗셈 중의 한 가지 연산이 수행된다.

③ 연산 결과를 레이블에 출력한다.

먼저 <그림 2-1>과 같은 계산기의 화면부터 디자인해 보자. 이것을 위해 도구 상자에서 해당 컨트롤들을 폼으로 가져와 쓰임새에 맞게 배치해야 한다. 그리고 각 컨트롤들에 대한 속성 값들을 원하는 대로 설정해 주어야 한다.

2.3.1 컨트롤 배치하기

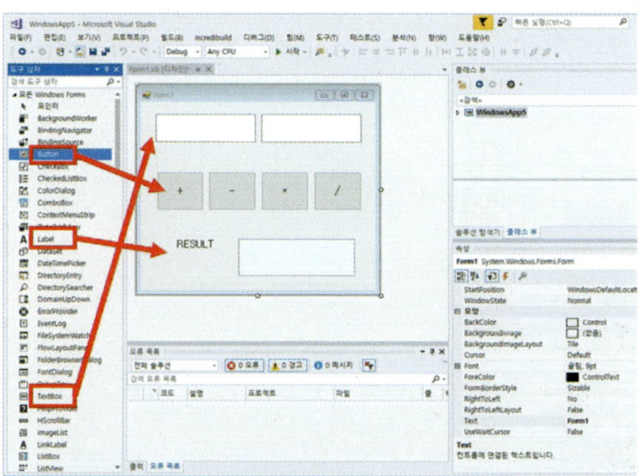

<그림 2-2> 폼에 컨트롤 배치하기

폼에 배치할 컨트롤들 목록

- TextBox 컨트롤 2개
- Button 컨트롤 4개
- Label 컨트롤 2개

도구 상자에서 해당 컨트롤을 클릭한 후 <그림 2-2>와 같이 폼으로 드래그(drag)해서 원하는 위치에서 클릭(click)한 후 적절한 크기가 되도록 조정한다.

2.3.2 컨트롤들의 속성 값 설정하기

폼에 필요한 컨트롤들을 모두 배치하였다면, <그림 2-3>부터 <그림 2-6>과 같이 각 컨트롤들의 속성 값들을 설정해 준다.

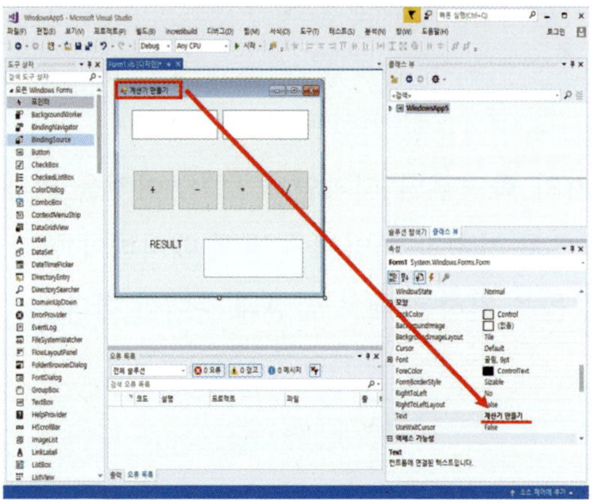

Form 컨트롤의 Text 속성 값을 '계산기 만들기'로 입력한다.

<그림 2-3> 계산기 만들기 응용의 이름 넣기

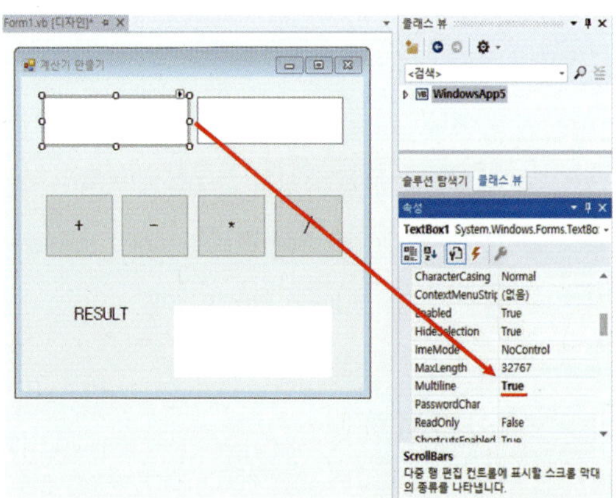

TextBox 컨트롤의 Multiline 속성 값을 'True'로 설정한다.

<그림 2-4> 텍스트박스 컨트롤의 속성 값 지정하기

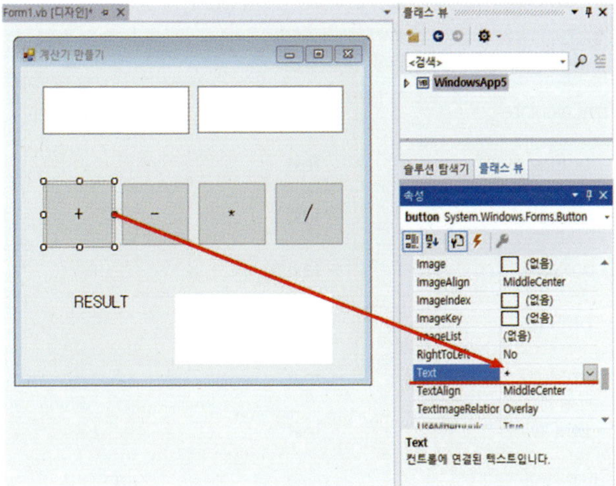

Button 컨트롤의 Text 속성 값을 각각 '+, -, *, /'로 입력한다.

<그림 2-5> 버튼 컨트롤의 속성 값 지정하기

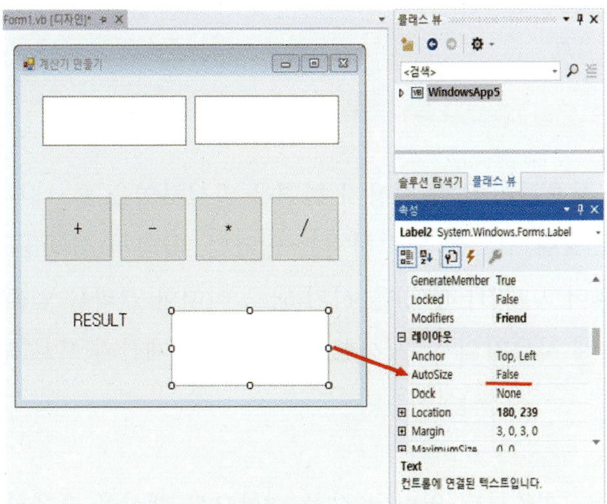

Label 컨트롤의 AutoSize 속성 값을 'False'로 설정한다.

<그림 2-6> 라벨 컨트롤의 속성 값 지정하기

[표 2-14]는 계산기의 사용자 화면을 구성하는 컨트롤들에 대한 속성들을 정리한 것이다.

[표 2-14] 계산기 만들기 폼을 구성하는 컨트롤들의 속성 값들

컨트롤	이름	속성	속성 값
Form	frmCalculate	Text	계산기 만들기
TextBox	txtFirst	Text	
	txtSecond	Text	
Command Button	btnSum	Text	+
	btnSub	Text	-
	btnMulti	Text	*
	btnDiv	Text	/
Label	lblResult	Text	RESULT
	result	Text	
		BorderStyle	Fixed3D

2.3.3 코드 작성하기

지금까지 우리는 계산기를 사용하기 위한 사용자 화면을 완성하였을 뿐, 내부적으로 어떻게 작동시킬지 명령 코드를 입력하지는 않았다. 따라서 실행(F5 또는 메뉴에서 [디버그]-[디버그 시작] 선택)을 시켜 봐도 어떠한 결과를 얻을 수 없다. 이제 이 화면을 통해 사용자의 요구 사항을 수행해 줄 계산기 프로그램의 코드를 작성해 본다.

이 계산기는 텍스트박스 2개로부터 입력된 값을 대상으로 계산을 수행하며, "+" 버튼이 눌러지면 두 수의 합을, "-" 버튼이 눌러지면 뺄셈을, "*" 버튼이 눌러지면 곱셈을, "/" 버튼이 눌러지면 나눗셈을 수행한 후 계산 결과는 result 레이블의 Text가 되도록 코드를 작성해야 한다. 즉, 각 버튼 클릭에 대해 별도로 코드를 작성해야 한다. 예를 들어 "+" 버튼을 클릭(Click)하였을 때 수행될 더하기 코드를 작성하고자 한다면, 우선 명령 버튼 btnSum를 더

블클릭(Double Click)하여 Private Sub Button1_Click(sender As System.Object, e As System.EventArgs) Handles Button1.Click ~ End Sub가 나오도록 한 후 "~"의 위치에 필요한 코드들을 입력하면 된다.

```
Public Class frmCalculate
    Private Sub Button1_Click(sender As System.Object, e As System.EventArgs)
Handles Button1.Click
        Dim i1 As Single
        Dim i2 As Single
        Dim result As Single

        i1 = TextBox1.Text
        i2 = TextBox2.Text
        result = i1 + i2
        Label2.Text = result
    End Sub
    Private Sub Button2_Click(sender As System.Object, e As System.EventArgs)
Handles Button2.Click
        Dim i1 As Single
        Dim i2 As Single
        Dim result As Single

        i1 = TextBox1.Text
        i2 = TextBox2.Text
        result = i1 - i2
        Label2.Text = result
    End Sub
```

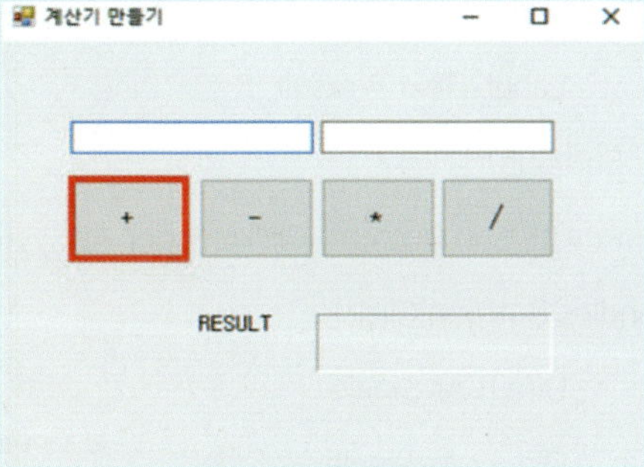

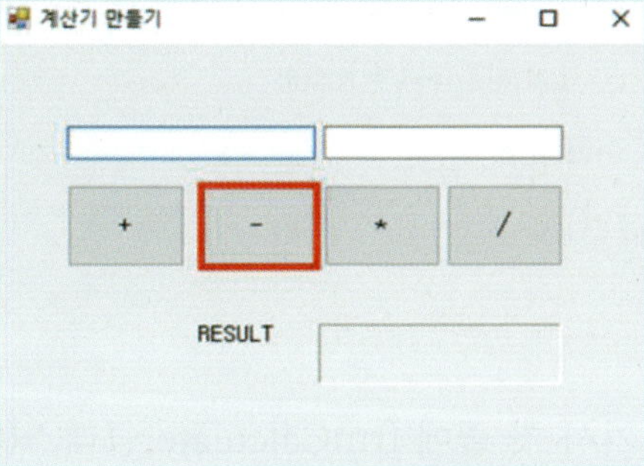

```
    Private Sub Button3_Click(sender As System.Object, e As System.EventArgs)
Handles Button3.Click
        Dim i1 As Single
        Dim i2 As Single
        Dim result As Single

        i1 = TextBox1.Text
        i2 = TextBox2.Text
        result = i1 * i2
        Label2.Text = result
    End Sub
    Private Sub Button4_Click(sender As System.Object, e As System.EventArgs)
Handles Button4.Click
        Dim i1 As Single
        Dim i2 As Single
        Dim result As Single

        i1 = TextBox1.Text
        i2 = TextBox2.Text
        result = i1 / i2
        Label2.Text = result
    End Sub
End Class
```

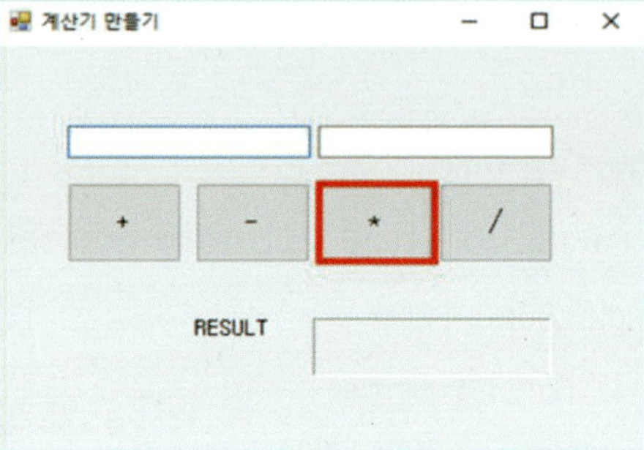

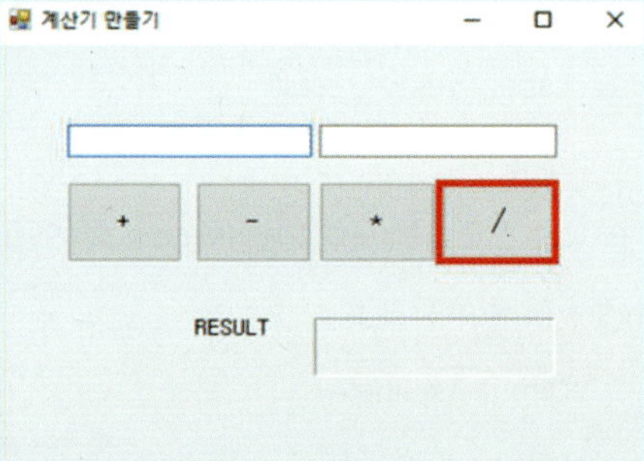

여기서 첫 줄에 frmCalculate 클래스(Class)가 정의되어 있다. 이는 비주얼 베이직 Express 2017에서 모든 완성된 프로그램이 클래스로 다루어지기 때문에 나타나는 현상이다. 이때 클래스의 이름은 해당 폼의 이름이 된다. 클래스를 다루는 자세한 방법에 대해서는 11장에서 알아볼 것이다. 참고로 앞으로 경우에 따라서는 이 부분을 생략하고 프로그램을 나타낼 수도 있다.

2.3.4 완성된 프로그램

<그림 2-7>는 완성된 프로그램의 실행 결과이다.

<그림 2-7> 계산기 만들기의 실행 결과

2.3.5 계산기 기능 추가하기

<그림 2-8>과 같이 몇 가지 기능을 더 추가해서 더 다양한 연산들이 가능한 계산기 프로그램으로 발전시켜 본다. 추가된 연산자의 기능에 대한 프로그램은 앞의 연산자를 다루는 프로그램과 거의 유사하다. 각자가 작성해 보기 바란다.

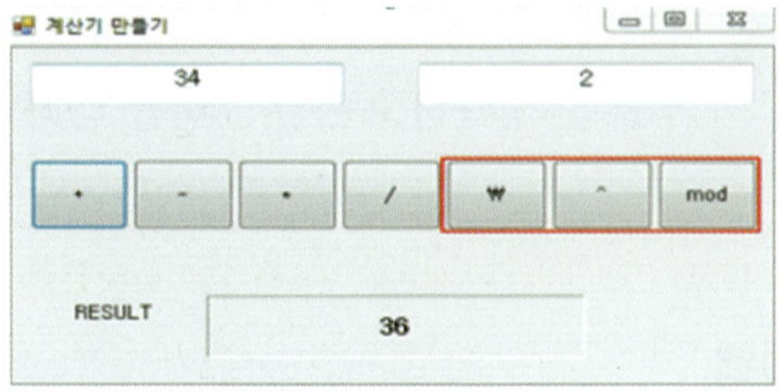

<그림 2-8> 계산기의 기능 확장

2.4 세 자리 수의 각 자리 숫자 출력하기

몇 가지 연산자를 더 사용하여 세 자리 수의 각 자리 숫자를 출력하는 프로그램을 작성해 본다. 다음 <그림2-9>에서와 같이 텍스트박스를 통해 239와 같은 세 자리 수를 입력받아서 100의 자리 숫자 2, 10의 자리 숫자 3, 1의 자리 숫자 9를 추출하여 각 레이블에 출력하도록 프로그래밍을 해 본다.

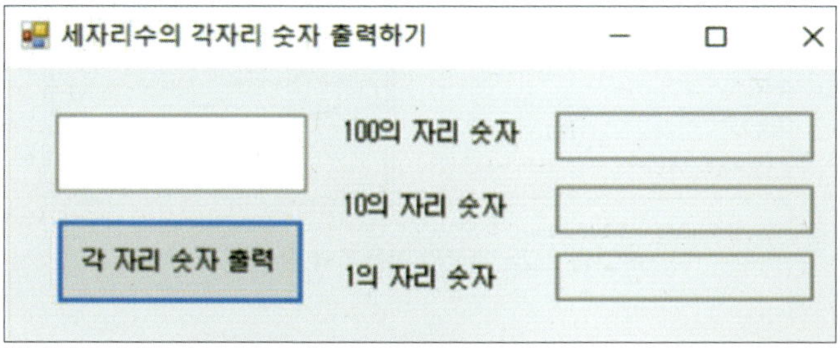

<그림 2-9> 각 자리 숫자 출력하기 화면

[표 2-15]는 화면 구성에 사용된 폼과 컨트롤들의 목록 및 대표적인 관련 속성들을 정리한 것이다.

[표 2-15] 자릿수 출력기 폼과 컨트롤들의 목록 및 대표적인 관련 속성들

컨트롤	이름	속성	속성 값
Form	frmJari	Text	세 자리 수의 각 자리 숫자 출력하기
TextBox	txtFirst	Text	
		MultiLine	True
Label	Label1	Text	100의 자리 숫자
	Label2	Text	10의 자리 숫자
	Label3	Text	1의 자리 숫자
	Label4	Text	
		BorderStyle	FiexdSingle
		AutoSize	False
	Label5	Text	
		BorderStyle	FiexdSingle
		AutoSize	False
	Label6	Text	
		BorderStyle	FiexdSingle
		AutoSize	False
Command Button	btnJari	Text	각 자리 숫자 출력하기

다음은 이 프로그램이 작동하도록 하는 소스 코드이다.

```
Public Class frmJari

    Private Sub Button1_Click(sender As System.Object, e As System.EventArgs)
Handles Button1.Click
        Dim number As Integer
        number = txtFirst.Text
        Label6.Text = (number Mod 100) Mod 10
        Label5.Text = (number Mod 100) \ 10
        Label4.Text = number \ 100
    End Sub

End Class
```

최종적으로 완성된 프로그램을 통해 얻은 실행 결과는 <그림 2-10>과 같다.

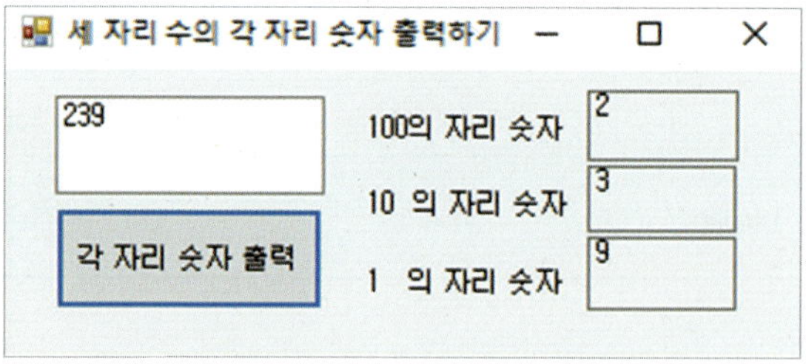

<그림 2-10> 각 자리 숫자 출력기의 실행 결과

확인 학습 문제

1. 밑변과 높이를 입력받아 삼각형의 넓이를 계산하는 프로그램을 작성해 보자.

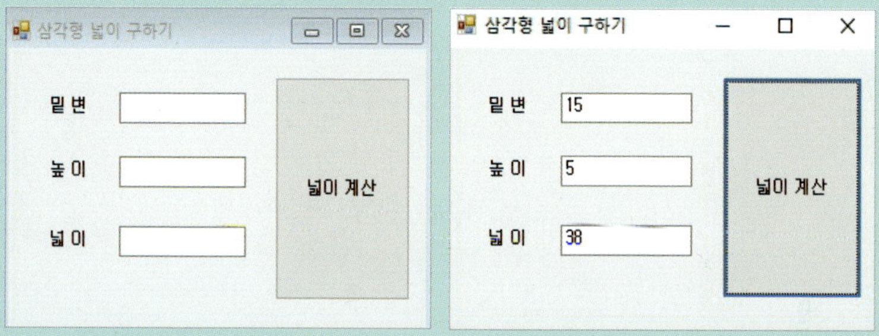

2. 다음과 같이 입력한 수가 홀수인지 짝수인지 판별하는 프로그램을 작성하기 위해 더 알아야 할 기능은 무엇이 있는지 알아보자. (단, 수를 2로 나누어서 나머지가 1인지 0인지 확인하면 홀수, 짝수 여부는 확인할 수 있다.)

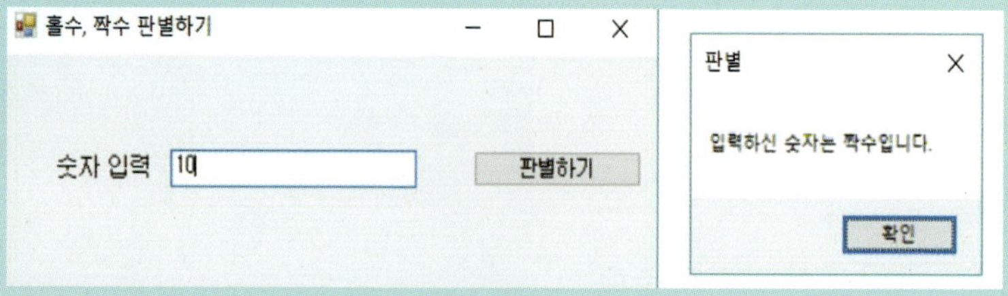

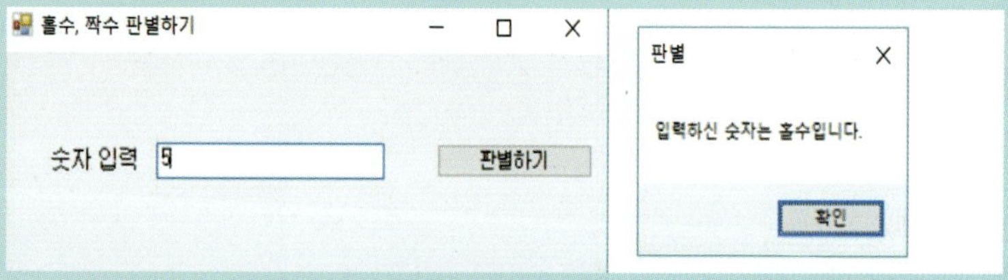

3장

음식 주문표로 익히는 조건문

이 장에서는 조건문을 이용하여 음식 주문을 접수하는 프로그램을 만들어 본다. 주문 정보를 입력받기 위해 텍스트박스 외에도 라디오버튼과 체크박스를 사용한다. 텍스트박스를 통해 주문자 정보를 입력받고 라디오버튼을 이용하여 주문 지점을 정하고, 체크박스에서 주문할 음식들을 체크하고 각 음식의 수량을 입력한 후 주문 버튼을 클릭하면, 주문 내역이 메시지박스로 출력되는 프로그램이다.

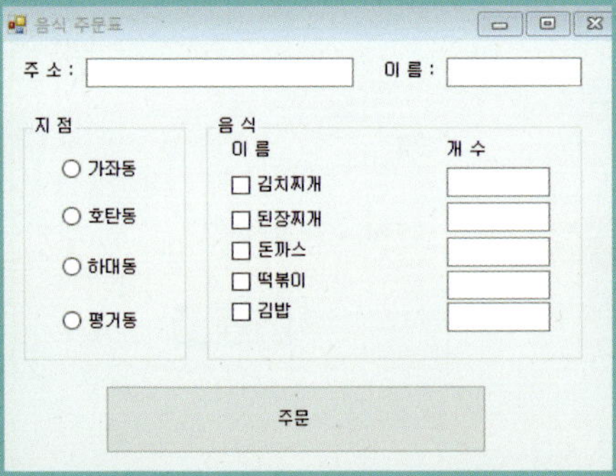

3.1 체크박스, 라디오버튼, 탭인덱스

음식 주문표 응용 프로그램을 만들기 위해 두 가지 컨트롤들과 한 가지 속성에 대해 알아본다.

3.1.1 체크박스

체크박스(CheckBox)는 주어진 여러 가지 항목들 중에서 사용자가 원하는 항목들을 선택할 수 있도록 하기 위해 사용하는 컨트롤이다. 체크박스의 상태는 마우스를 클릭함으로써 선택이 된 상태와 선택이 해제된 상태로 나뉜다. 예를 들어 CheckBox1이 선택되면 CheckBox1의 Checked 속성 값이 True가 되고, 선택이 해제되면 CheckBox1의 Checked 속성 값이 False가 된다. [표 3-1]은 체크박스의 주요 속성, 메소드, 이벤트들을 정리한 것이다.

[표 3-1] 체크박스의 주요 속성, 메소드, 이벤트

주요 속성	설명
Text	CheckBox의 텍스트를 반환하거나 설정함
Enabled	False로 설정하면 버튼은 보이지만 사용할 수 없는 상태가 됨
Visible	실행 시 CheckBox를 보이려면 True, 숨기려면 False로 설정함 기본 값은 True로 설정되어 있음
Checked	체크박스의 선택 여부를 나타냄 선택되면 Checked 속성 값이 True, 그렇지 않으면 False가 됨

주요 메소드	설명
Focus	해당 체크박스로 Focus를 이동시킨다.
Refresh	체크박스를 새로 그린다.

주요 이벤트	설명
Click	마우스로 체크박스를 클릭했을 때 발생하는 이벤트
GotFocus	체크박스가 포커스를 가질 때 발생하는 이벤트
LostFocus	체크박스가 포커스를 잃을 때 발생하는 이벤트

3.1.2 라디오버튼

라디오버튼(RadioButton)은 체크박스와 유사한 기능을 가지고 있는 컨트롤이다. 따라서 대부분의 속성이나 메소드 및 이벤트가 체크박스와 유사하다. 라디오버튼도 주어진 여러 항목들 중에서 사용자가 원하는 항목을 선택할 수 있도록 할 때 사용한다. 다만 체크박스는 사용자가 여러 항목들을 선택할 수 있지만, 라디오버튼은 그룹으로 지정된 여러 항목들 중에서 하나만 선택할 수 있다. 라디오버튼도 체크박스처럼 마우스를 클릭함으로써 선택이 된 상태와 선택이 해제된 상태로 나뉜다. 예를 들어 RadioButton1이 선택되면 RadioButton1의 Checked 속성 값이 True가 되고, 선택이 해제되면 RadioButton1의 Checked 속성 값이 False가 된다. [표 3-2]는 라디오버튼의 주요 속성이다.

[표 3-2] 라디오버튼의 주요 속성

주요 속성	설명
Text	라디오버튼의 텍스트를 반환하거나 설정함
Enable	False로 설정하면 버튼은 보이지만 사용할 수 없는 상태가 됨
Visible	실행 시 라디오버튼을 보이려면 True, 숨기려면 False로 설정함 기본 값은 True로 설정되어 있음
Checked	라디오버튼의 선택 여부를 나타냄 선택되면 Checked 속성 값이 True, 그렇지 않으면 False가 됨

3.1.3 탭인덱스

사용자가 폼을 통해 작업을 할 때 특정 항목을 지정하려면 마우스를 이용해서 지정할 수도 있지만 키보드의 탭(Tab) 키를 누름으로써 다음 항목으로 포커스(Focus)가 이동하도록 할 수 있다. 이를 위한 것이 탭인덱스(TabIndex) 속성이다. 예를 들어, 이름과 나이 등의 인적 사항을 입력하도록 하는 프로그램에서 사용자는 이름을 입력한 후 마우스로 나이를 입력할 텍스트박스를 직접 클릭한 후 나이를 입력할 수도 있지만, 이름을 입력한 후 탭키를 누름으로써 나이 항목으로 바로 포커스를 이동시킬 수도 있다.

탭인덱스는 거의 대부분의 컨트롤들이 가지고 있는 속성이다. 이 속성의 값을 프로그래머가 원하는 차례대로 지정하면 된다. 단, 주로 출력용으로 사용되는 레이블 컨트롤은 TabIndex 속성을 지정해도 탭키를 이용해 포커스가 이동하도록 할 수 없다. 그리고 라디오버튼의 경우에는 그룹 박스로 묶인 여러 개의 항목들 중 선택된 항목만이 포커스를 갖는다. 따라서 라디오버튼의 묶음 내에서는 포커스를 이동시키기 위해서 방향키를 이용해야 한다.

3.2 조건문

프로그램을 수행하다 보면 조건에 따라 다른 기능이 수행되거나 코드의 특정 구간을 반복 수행해야 할 경우가 종종 있다. 이때 사용되는 문장이 제어문(Control Statement)이다. 제어문은 크게 조건문(Condition Statement)과 반복문(Repeat Statement)으로 분류되는데, 여기서는 먼저 조건문에 대해 학습하고 사용해 본다.

조건문은 주어진 논리식(Logic Expression)의 결과에 따라 다른 문장을 수행하도록 하는 문장이다. 비주얼 베이직이 제공하는 조건문은 If 문과 Select Case 문이 있다.

3.2.1 If 문

If 문은 주어진 논리식의 결과 즉, 참인 경우와 거짓인 경우에 따라 지정된 해당 문장을 수행하게 된다. 이러한 If 문은 크게 3가지 형식이 제공된다.

1) If … Then … End If 형식

이 문은 가장 단순한 If 문 형식으로써 조건이 참일 때만 어떤 일이 수행되도록 하는 문장이다. 형식은 다음과 같다.

```
If <조건식> Then <명령문> End If
```

이 문은 <조건식>을 확인해서 <조건식>의 결과가 참이면 Then 뒤의 <명령문>을 수행한다. 여기서 <명령문>은 하나의 문장이 될 수도 있고 여러 개의 문장들이 될 수도 있다. 참일 경우에 수행할 명령문이 여러 개일 때에는 여러 줄에 걸쳐 명령문들을 작성하게 되는데, 이 때는 <명령문>을 작성한 후 반드시 End If로 If 문이 끝났음을 다음 쪽의 그림과 같이 명시해야 한다. 그러나 <명령문>이 한 문장 밖에 없을 때는 아래의 왼쪽과 같이 If 문을 한 행에 기록하고 End If를 생략할 수 있다.

If <조건식> Then <명령문1>	If <조건식> Then
	  <명령문1>
	  <명령문2>
	  …
	  <명령문n>
	End If

(예 3-1) 기본 If 문 사용

```
Private Sub Form1_Load(ByVal sender As System.Object, ByVal e As System.
EventArgs) Handles MyBase.Load
    Dim score As Integer
    score = TextBox1.Text
    If score > 50 Then
        MessageBox.Show("합격입니다.")
    End If
End Sub
```

2) If … Then … Else … End If 형식

이 If 문은 조건의 결과에 따라 두 가지 일 중 어느 한 가지 일을 선택적으로 수행하도록 제어하는 조건문이다. 형식은 다음과 같다.

```
If <조건식> Then <명령문1> Else <명령문2> End If
```

이 형식의 If 문은 <조건식>을 확인해 조건의 결과가 참이면 Then 뒤의 <명령문1>에 있는 문장 또는 문장 블록(Block)을 수행하며, 거짓이면 <명령문2>에 있는 문장 또는 문장 블록을 수행하게 된다. 이 경우도 <명령문>이 한 행으로 이루어진 경우 End If를 생략할 수 있다.

(예 3-2) Else가 있는 If 문 사용

```
Private Sub Form1_Load(ByVal sender As System.Object, ByVal e As System.
EventArgs) Handles MyBase.Load
    Dim score As Integer
    score = TextBox1.Text
    If score > 50 Then
        MessageBox.Show("합격입니다.")
    Else
        MessageBox.Show("불합격입니다.")
    End If
End Sub
```

3) If … Then … ElseIf … Then …… Else … End If 형식

이 If 문은 조건식이 2개 이상이 주어졌을 때, 각 조건의 판단 결과에 따라 다른 명령문을 수행하도록 하는 다중 선택 If 문이다. 형식은 다음과 같다.

```
If <조건식1> Then <명령문1> ElseIf <조건식2> Then <명령문2>… Else <명령문
n+1> End If
```

이 형식의 If 문은 <조건식1>이 참인 경우, <명령문1>에 있는 문장 또는 문장 블록을 수행하며, 거짓이면 <조건식2>를 확인해서 참이면 <명령문2>

에 있는 문장 또는 문장 블록을 수행한다. 이렇게 각 조건식이 참인 경우 해당 명령문을 수행하고, 앞에서 제시된 모든 조건식들이 거짓인 경우 Else 다음에 나오는 <명령문n+1>에 있는 문장 또는 문장 블록을 수행한다.

(예 3-3) ElseIf가 있는 If 문 사용

```
Private Sub Form1_Load(ByVal sender As System.Object, ByVal e As System.
EventArgs) Handles MyBase.Load
    Dim score As Integer
    score = TextBox1.Text
    If score >= 90 Then
        MessageBox.Show("A등급입니다.")
    ElseIf score >= 80 Then
        MessageBox.Show("B등급입니다.")
    ElseIf score >= 70 Then
        MessageBox.Show("C등급입니다.")
    Else
        MessageBox.Show("등급외입니다.")
    End If
End Sub
```

3.2.2 Select Case 문

Select Case 문은 If 문이 중첩되어 있는 세 번째 형식의 If 문과 유사한 것으로, 평가식의 결과 값이나 변수의 값에 따라 각각의 명령문을 수행한다. 형식은 다음과 같다.

```
Select case <평가식 또는 변수>
    case 평가값1
        <명령문1>
    case 평가값2
        <명령문2>
        ...
    case 평가값n
        <명령문n>
    case Else
        <명령문n+1>
End Select
```

(예 3-4) Select Case문 사용

```
Private Sub Form1_Load(ByVal sender As System.Object, ByVal e As System.
EventArgs) Handles MyBase.Load
    Dim score As Integer
    score = TextBox1.Text
    Select Case score
        Case 90 To 100
            MessageBox.Show("A등급입니다.")
        Case 80 To 90
            MessageBox.Show("B등급입니다.")
        Case 70 To 80
            MessageBox.Show("C등급입니다.")
        Case Else
            MessageBox.Show("등급 외입니다.")
```

```
        End Select
    End Sub
```

3.3 체크박스와 라디오버튼의 기능 익히기

이 절에서는 체크박스와 라디오버튼 컨트롤의 기능을 익히기 위해 간단한 프로그램을 만들어 본다. 라디오버튼을 사용하여 성별을 선택하고, 체크박스를 통해 좋아하는 색상을 입력한 후 입력된 정보들을 메시지박스로 출력하는 프로그램을 작성해 본다. 우선 <그림 3-1>과 같이 화면을 설계한다.

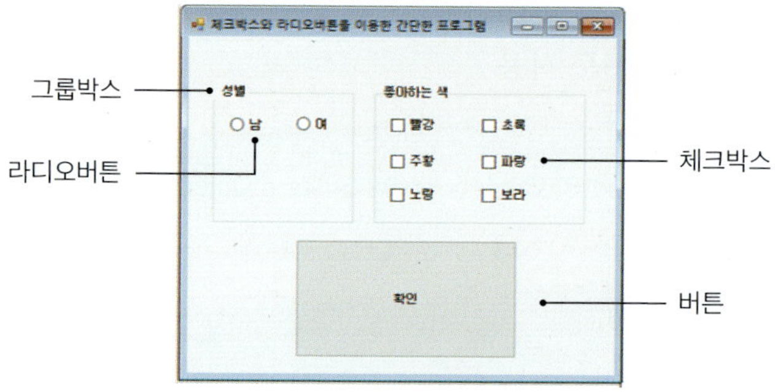

<그림 3-1> 프로그램의 화면 설계

사용된 폼 및 컨트롤들의 속성은 [표 3-3]과 같다.

[표 3-3] 컨트롤의 속성 값들

컨트롤	이름	속성	속성 값
RadioButton	RadioButton1	Text	“남”
	RadioButton1	Text	“여”

CheckBox	CheckBox1	Text	"빨강"
	CheckBox2	Text	"주황"
	CheckBox3	Text	"노랑"
	CheckBox4	Text	"초록"
	CheckBox5	Text	"파랑"
	CheckBox6	Text	"보라"
GroupBox	GroupBox1	Text	"성별"
	GroupBox2	Text	"좋아하는 색"
Button	Button1	Text	"확인"

입력한 성별 정보와 좋아하는 색상들을 메시지박스에 출력하는 프로그램의 소스 코드는 다음과 같다.

```
Public Class Form1

    Private Sub Button1_Click(sender As System.Object, e As System.EventArgs)
Handles Button1.Click
        Dim MF As String
        Dim color As String

        MF = ""
        color = ""

        '성별
        If RadioButton1.Checked = True Then
            MF = RadioButton1.Text
        End If
```

```
        If RadioButton2.Checked = True Then
            MF = RadioButton2.Text
        End If

        '좋아하는 색
        If CheckBox1.Checked = True Then
            color = color & vbCrLf & CheckBox1.Text
        End If
        If CheckBox2.Checked = True Then
            color = color & vbCrLf & CheckBox2.Text
        End If
            color = color & vbCrLf & CheckBox3.Text
        End If
        If CheckBox4.Checked = True Then
            color = color & vbCrLf & CheckBox4.Text
        End If
        If CheckBox5.Checked = True Then
            color = color & vbCrLf & CheckBox5.Text
        End If
        If CheckBox6.Checked = True Then
            color = color & vbCrLf & CheckBox6.Text
        End If

        '메시지박스
        MsgBox("성별은 " & MF & vbCrLf & "좋아하는 색은 " & color & vbCrLf & "입니다.")
    End Sub

End Class
```

여기서 vbCrLf는 줄을 바꾸어 주는 문자를 의미하는 비주얼 베이직 상수이다. 이 프로그램을 실행시키면 결과는 <그림 3-2>와 같다.

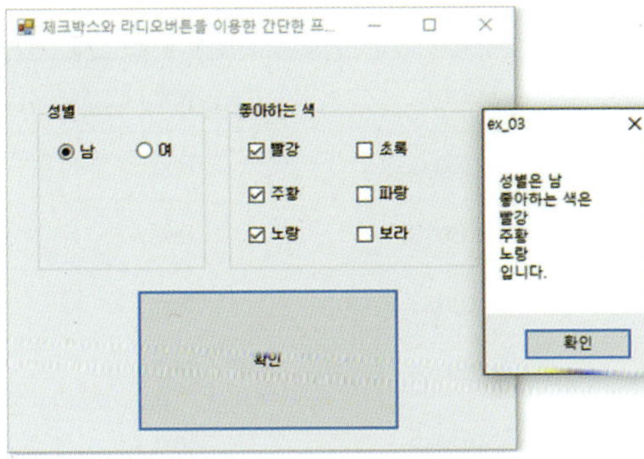

<그림 3-2> 프로그램 실행 결과

3.4 음식 주문표 만들기

지금까지 학습한 체크박스와 라디오버튼, 조건문을 이용하여 좀 더 실용적인 음식 주문표 만들기 프로그램을 작성해 본다. 우선, <그림 3-2>의 화면을 만들기 위해 다음 <그림 3-3>과 같이 레이블, 텍스트박스, 버튼, 체크박스, 라디오버튼 등을 폼에 배치하고 각 속성들을 설정한다.

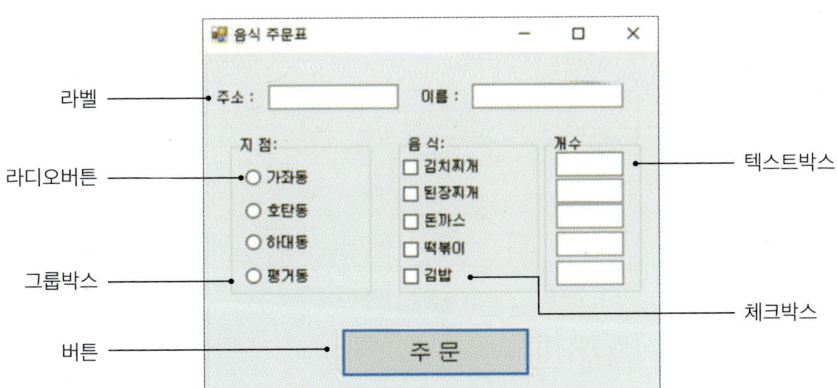

<그림 3-3> 음식 주문표의 화면 설계

사용된 폼 및 컨트롤들의 속성은 [표 3-4]과 같다.

[표 3-4] 음식 주문표 구현을 위한 컨트롤의 속성 값들

컨트롤	이름	속성	속성 값
Form	Form1	Text	"음식 주문표"
TextBox	TextBox1	Text	주소 값
	TextBox2	Text	이름 값
	TextBox3	Text	김치찌개 개수
	TextBox4	Text	된장찌개 개수
	TextBox5	Text	돈가스 개수
	TextBox6	Text	떡볶이 개수
	TextBox7	Text	김밥 개수
Label	Label1	Text	"주소"
	Label2	Text	"이름"
	Label3	Text	음식 - "이름"
	Label4	Text	음식 - "개수"
RadioButton	RadioButton1	Text	"가좌동"
	RadioButton1	Text	"호탄동"
	RadioButton1	Text	"하대동"
	RadioButton1	Text	"평거동"
CheckBox	CheckBox1	Text	"김치찌개"
	CheckBox2	Text	"된장찌개"
	CheckBox3	Text	"돈가스"
	CheckBox4	Text	"떡볶이"
	CheckBox5	Text	"김밥"
GroupBox	GroupBox1	Text	"지점"
	GroupBox2	Text	"음식"
Button	Button1	Text	"주문"

입력된 '주문자 정보 및 주문 지역, 음식 종류'의 정보를 받아서 주문을 처리할 수 있도록 프로그램의 코드를 작성하면 다음과 같다.

```
Public Class form1

    Private Sub Button1_Click(sender As System.Object,
    e As System.EventArgs) Handles Button1.Click
        Dim gimchi As Integer
        Dim toenjang As Integer
        Dim don As Integer
        Dim ttok As Integer
        Dim gimbab As Integer
        Dim sum As Integer
        Dim jijum As String

        gimchi = 4000 '김치찌개 가격
        toenjang = 4000 '된장찌개 가격
        don = 7000 '돈가스 가격
        ttok = 2500 '떡볶이 가격
        gimbab = 1500 '김밥 가격

        '음식& 개수

        If CheckBox1.Checked = True Then
            sum = sum + (Val(TextBox3.Text) * gimchi)
        End If
        If CheckBox2.Checked = True Then
            sum = sum + (Val(TextBox4.Text) * toenjang)
```

```
End If
If CheckBox3.Checked = True Then
    sum = sum + (Val(TextBox5.Text) * don)
End If
If CheckBox4.Checked = True Then
    sum = sum + (Val(TextBox6.Text) * ttok)
End If
If CheckBox5.Checked = True Then
    sum = sum + (Val(TextBox7.Text) * gimbab)
End If

'지점
If RadioButton1.Checked = True Then
    jijum = RadioButton1.Text
End If
If RadioButton2.Checked = True Then
    jijum = RadioButton2.Text
End If
If RadioButton3.Checked = True Then
    jijum = RadioButton3.Text
End If
If RadioButton4.Checked = True Then
    jijum = RadioButton4.Text
End If

'메시지박스
MsgBox("주소: " & TextBox1.Text & "  이름: "
```

```
        & TextBox2.Text & vbCrLf & "지점: " & jijum
        & vbCrLf & "합계: " & sum & " 원")
    End Sub

End Class
```

확인 학습 문제

1. 지금까지 학습한 컨트롤들을 이용하여 다음의 사용자 화면을 통해 운영되는 라면을 주문하는 프로그램을 작성해 보자. 사용할 폼과 해당 속성 값들은 다음과 같다.

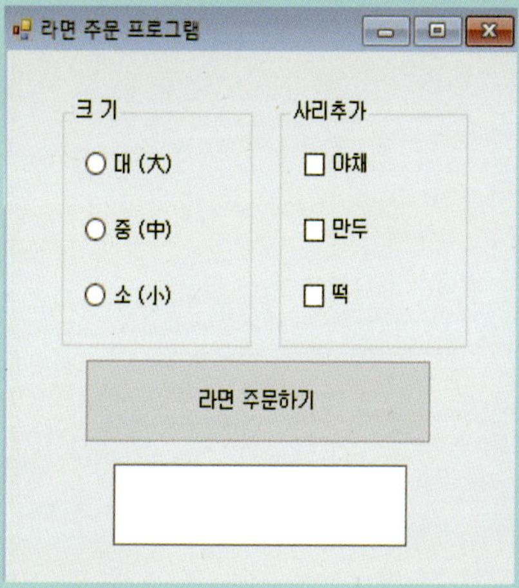

컨트롤	이름	속성	속성 값
Form	Form1	Text	라면 주문 프로그램
Group Box	Group Box1	Text	크기
	Group Box2	Text	사리추가
Radio Button	Radio Button1	Text	대 (大)
	Radio Button2	Text	중 (中)
	Radio Button3	Text	소 (小)

Check Box	Check Box1	Text	야채
	Check Box2	Text	만두
	Check Box3	Text	떡
Button	Button1	Text	라면 주문하기
Label	Label1	AutoSize	False
		Text	
		BorderStyle	

프로그램의 수행 조건 및 실행 결과는 다음과 같다.

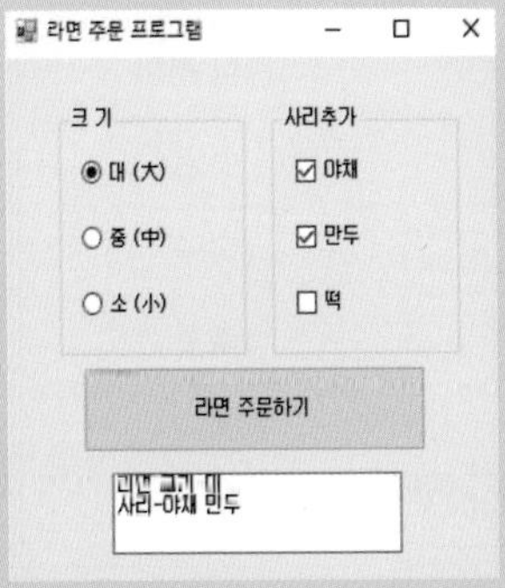

<프로그램의 수행 조건>

(1) 라면의 크기는 대(大), 중(中), 소(小) 중 하나만 선택할 수 있다.

(2) 사리는 야채, 만두, 떡 중에서 원하는 것을 선택할 수 있다.

(3) 라면 주문하기 버튼을 클릭하면 주문한 라면의 크기와 사리가 레이블에 표시된다.

2. 지금까지 배운 컨트롤들을 이용하여 다음 폼을 가지고 관심 있는 운동 분야를 선택하는 프로그램을 작성해 보자.

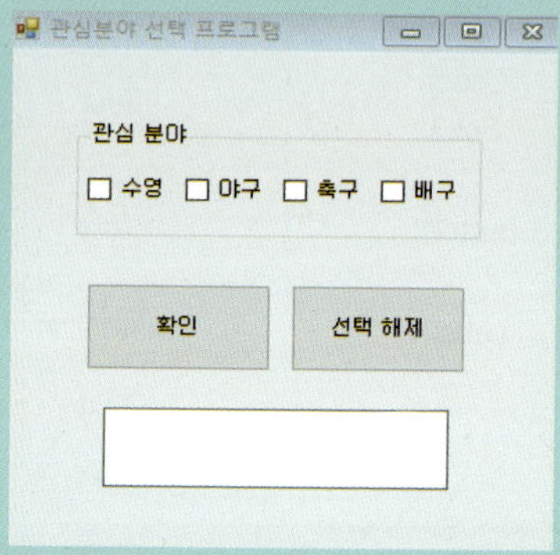

컨트롤	이름	속성	속성 값
Form	Form1	Text	관심 분야 선택 프로그램
GorupBox	GroupBox1	Text	관심 분야
CheckBox	CheckBox1	Text	수영
	CheckBox2	Text	야구
	CheckBox3	Text	축구
	CheckBox4	Text	배구
Button	Button1	Text	확인
	Button2	Text	선택 해제
Label	Label1	Auto Size	False
		Text	
		Border Style	Fixed Single
		Text Align	Top Center

프로그램의 수행 조건 및 실행 결과는 다음과 같다.

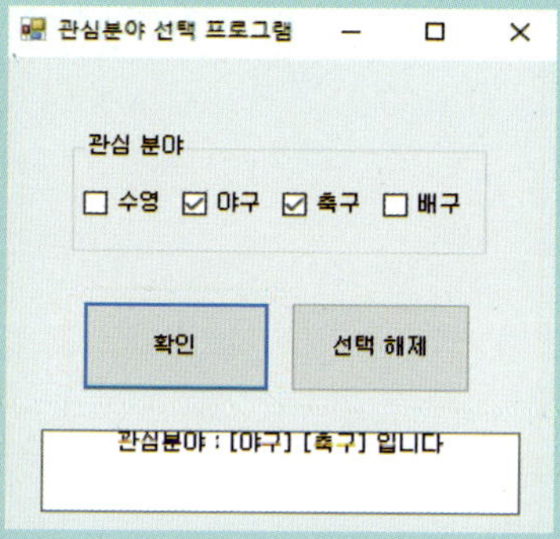

<프로그램의 수행 조건>

(1) 관심 분야는 수영, 야구, 축구, 배구를 중복하여 선택할 수 있다.

(2) 확인 버튼을 누르면 선택된 관심 분야를 출력한다.

(3) 선택 해제 버튼을 누르면 선택된 관심 분야를 해제한다.

4장

구구단 작성기로 익히는 반복문

구구단은 각 단에서 같은 유형의 곱하기 계산이 규칙적으로 반복된다. 즉, 2단 다음에 3단, 3단 다음에 4단과 같이 2단부터 9단까지 차례대로 모두 같은 규칙의 계산이 반복된다. 이 장에서는 반복문을 이용해서 이러한 구구단을 자동으로 생성해 주는 프로그램을 작성해 본다. 옵션 버튼으로 단을 선택하면 텍스트박스에 해당 단이 출력되는 프로그램이다.

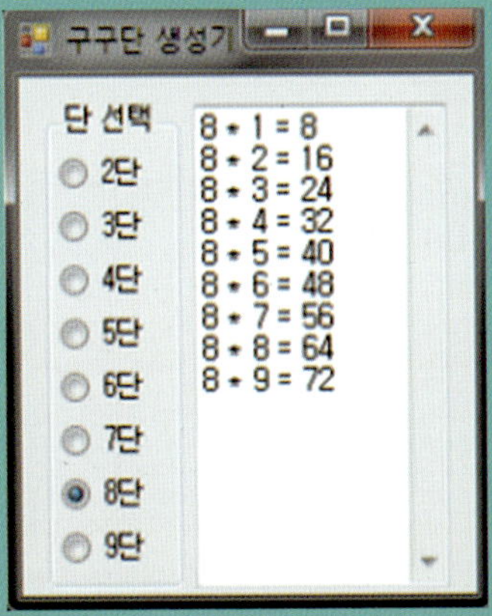

01:08
20%

4.1 반복문

프로그램의 수행 절차를 제어하고자 할 때 사용하는 것이 제어문이다. 조건에 따라 각기 다른 명령을 수행하도록 하기 위해 사용하는 것이 앞 장에서 본 If 문이나 Select 문과 같은 조건문이라면, 특정 조건이 만족하는 동안 또는 만족할 때까지 어떤 명령문들을 반복적으로 수행하도록 해 주는 것이 반복문이다. 비주얼 베이직이 제공하는 반복문에는 4가지 형식이 있다.

4.1.1 For … Next 형식

For … Next 문은 정해진 규칙에 따라 일정 횟수만큼 특정 명령문 또는 명령문 블록을 반복적으로 수행한다. 형식은 다음과 같다.

```
For 변수 = 시작 값 To 종료 값 [Step 증가값]
    <명령문> 또는 <명령문 블록>
Next [변수]
```

For … Next 문은 변수에 시작 값을 초기화시키고 Step 뒤에 오는 증가값만큼 변수의 값을 증가시키면서 변수의 값이 종료 값에 도달할 때까지 명령문 또는 명령문 블록을 반복적으로 수행하게 한다. 증가값이 1씩 증가하는 경우에는 Step 절을 생략할 수 있다. 또한 Next 뒤에 오는 변수는 For의 변수와 같은 이름인데 생략이 가능하다. 그러나 For … Next 문이 중첩되어 있는 경우에는 프로그램의 오류를 찾아내는 과정에서 혼란을 야기할 수 있으므로 가능하면 Next 뒤에도 변수를 쓸 것을 권장한다. 다음은 For … Next 문의 사용 예들이다.

(예 4-1) 1부터 10까지의 합 구하기

```
Private Sub Button1_Click(sender As Object, e As EventArgs) Handles
Button1.Click
    Dim I, sum as Integer
    For i = 1 To 10   ' 변수 i를 1로 초기화시키고 10이 될 때까지 1씩 증가
        sum = sum + i
    Next I

    txtResult.Text = sum
End Sub
```

위 프로그램의 실행 결과는 <그림 4-1>과 같다.

<그림 4-1> 프로그램(예 4-1)의 실행 결과

(예 4-2) 1부터 100까지의 5의 배수들의 합 구하기

```
`Private Sub Button1_Click(sender As Object, e As EventArgs) Handles
Button1.Click
    Dim i, sum as Integer
    ' 변수 i를 5로 초기화시키고 100이 될 때까지 5씩 증가
    For i = 5 To 100 Step 5
        sum = sum + i
    Next                ' 변수 i 생략
    txtResult.Text = sum
End Sub
```

위 프로그램의 실행 결과는 <그림 4-2>와 같다.

<그림 4-2> 프로그램(예 4-2)의 실행 결과

(예 4-3) 구구단의 2단부터 9단까지 출력하기

```
Private Sub Button1_Click(sender As Object, e As EventArgs) Handles
Button1.Click
  Dim i, j As Integer
```

```
    For i = 2 To 9      ' 2부터 9까지 1씩 증가시키면서 반복
      For j = 1 To 9    ' 1부터 9까지 1씩 증가시키면서 반복
        txtResult.AppendText(i & " * " & j & " = " & i * j & vbCrLf)
      Next j            ' 안 쪽에서 반복되는 For
      txtResult.AppendText(vbCrlf) '단 수가 바뀌면 줄바꿈을 한다
      Next i            ' 바깥 쪽에서 반복되는 For
  End Sub
```

위 프로그램의 실행 결과는 <그림 4-3>과 같다.

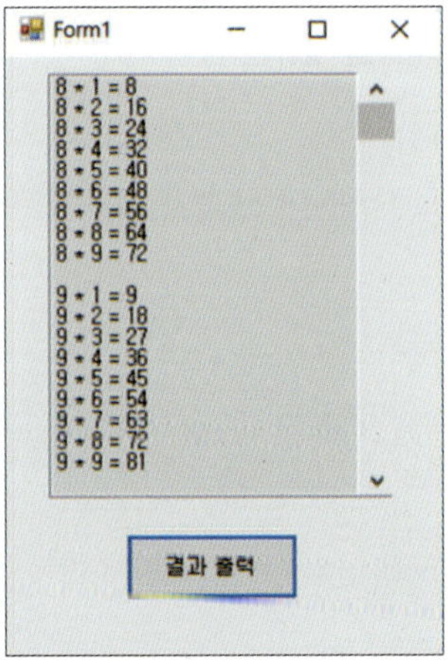

<그림 4-3> 프로그램(예 4-3)의 실행 결과

4.1.2 For Each … Next 형식

For Each … Next 문은 For … Next 문과 유사하게 일정 횟수만큼 명령문들을 반복적으로 수행한다. 다른 점은 For … Next 문은 변수의 시작 값, 종료 값, 증가 값을 가지고 반복 횟수를 결정하는 반면, For Each … Next 문은 배

열이나 컬렉션(Collection, 연관된 개체를 그룹화하고 관리하는 데 사용되는 개체)의 크기만큼 반복하게 된다. 형식은 다음과 같다.

```
For Each 변수 In 컬렉션(배열) 이름
 <명령문>
Next [변수]
```

For Each … Next 문은 컬렉션의 첫 번째 값부터 차례대로 In 앞에 있는 변수에 대입하여 컬렉션의 값이 끝날 때까지 반복적으로 명령문 또는 명령문 블록을 수행하게 된다. 다음은 배열 컬렉션을 이용한 For Each … Next 문의 사용 예이다.

(예 4-4) 1부터 5까지의 제곱 값 출력하기

```
Private Sub Button1_Click(sender As Object, e As EventArgs) Handles Button1.
Click
   Dim arr(5) As Integer
   Dim i As Integer, k As VariantType

   For i = 1 To 5      ' 1부터 5까지 1씩 증가시키면서 반복
      arr(i) = i * i
   Next

   For Each k In arr   ' 배열 arr의 0번째부터 값을 차례로 꺼내면서 반복
      txtResult.Text = txtResult.Text & vbCrLf & k
   Next
End Sub
```

위 프로그램에 대하여 부연 설명하자면 Dim arr(5) As Integer 코드로 인해 정수를 저장할 기억 장소가 0번째부터 다섯 번째까지 총 6개의 방으로 배열된다. 그리고 For 문에 의해 배열의 첫 번째 방부터 다섯 번째 방까지 제곱 값들이 저장된다. 그러나 For Each 문에서 k는 배열의 0번째 방부터 접근하여 값을 가져옴으로써 배열 생성 시 초기 값으로 저장된 0이 먼저 출력된 후 5개의 제곱 값들이 출력된다. (예 4-4)의 실행 결과는 아래 <그림 4-4>와 같다.

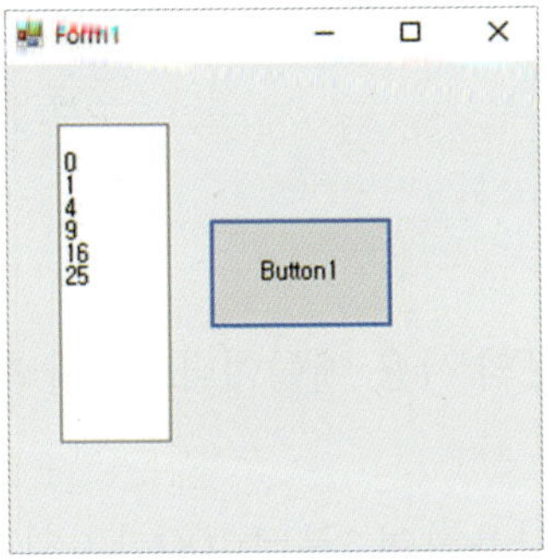

<그림 4-4> 프로그램(예 4-4)의 실행 결과

4.1.3 Do … Loop 형식

Do … Loop 문은 조건이 만족하는 동안 또는 조건이 만족할 때까지 명령문 또는 명령문 블럭을 반복 수행한다. 이때, 명령문 또는 명령문 블럭을 수행하기 전에 조건을 검사할 수도 있고 수행한 후에 검사할 수도 있다.

Do 문에서는 Until이나 While을 사용하여 조건식을 표현한다. Until은 "현재 조건이 만족하지 않으므로 만족할 때까지 반복하라"라는 의미로 사용되며, While은 "현재의 조건이 만족하는 동안 반복하라"라는 의미로 사용된다. 예를 들어, "Until i > 10"은 "i의 값이 10보다 클 때까지"라는 의미이며, "While i > 10"은 "i의 값이 10보다 큰 동안"이라는 의미이다. Do 문의 형식은 다음 두 가지이다.

```
Do [While 또는 Until] 조건식
 <명령문>
Loop
```

또는

```
Do
 <명령문>
Loop [While 또는 Until] 조건식
```

다음은 Do … Loop 문의 사용 예들이다. (결과 화면은 생략한다.)

(예 4-6) Do Until을 사용하여 1부터 100까지의 5의 배수의 합 구하기

```
Private Sub Button1_Click(sender As Object, e As EventArgs) Handles Button1.
Click
    Dim i As Integer = 5, sum As Integer = 0

    Do Until i > 100    ' i의 값이 100보다 큰 값을 가질 때까지 반복
        sum = sum + i
        i = i + 5
    Loop

    txtResult.Text = sum
End Sub
```

(예 4-7) Do While을 사용하여 1부터 100까지의 5의 배수의 합 구하기

```
Private Sub Button1_Click(sender As Object, e As EventArgs) Handles
Button1.Click
    Dim i As Integer = 5, sum As Integer = 0

    Do While i < 101    ' i의 값이 101보다 '작을 때까지 반복'은 "Until i < 101"의 의미
        sum = sum + i
        i = i + 5
    Loop

    txtResult.Text = sum
End Sub
```

4.1.4 While … End While 형식

While … End While 문은 Do … Loop 문에 While을 이용한 경우와 유사하다. 형식은 다음과 같다.

```
While 조건식
  <명령문>
End While
```

다음은 While … End While 문의 사용 예이다. (결과 화면은 생략한다.)

(예 4-8) while문을 사용하여 1부터 100까지의 5의 배수의 합 구하기

```
Private Sub Button1_Click(sender As Object, e As EventArgs) Handles
Button1.Click
    Dim i As Integer = 5, sum As Integer = 0

    While i < 101        ' i의 값이 101보다 작을 동안 반복
        sum = sum + i
        i = i + 5
    End While

    txtResult.Text = sum
End Sub
```

4.2 거듭제곱을 출력하는 프로그램 만들기

거듭제곱할 숫자와 출력할 횟수를 입력받아 반복문을 사용하여 거듭제곱을 출력하는 프로그램을 만들어 본다. 라벨, 텍스트박스, 버튼 컨트롤을 이용하여 <그림 4-5>와 같이 폼을 구성한다.

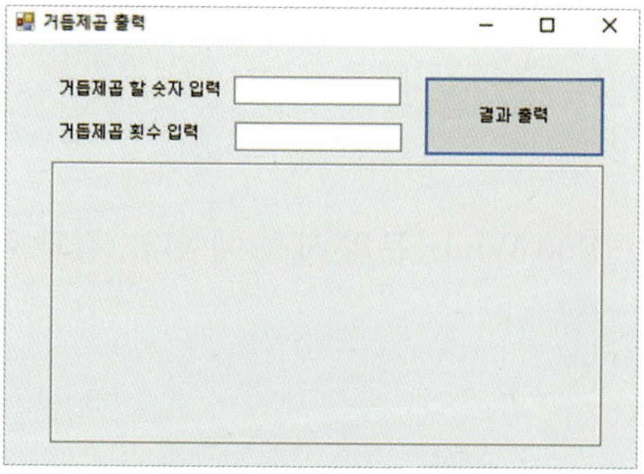

<그림 4-5> 거듭제곱 출력 폼

사용된 폼 및 컨트롤들의 속성은 [표 4-1]과 같다.

[표 4-1] 거듭제곱 폼 및 컨트롤의 속성 값들

컨트롤	이름	속성	속성 값
Form	Form1	Text	"거듭제곱 출력"
Label	Label1	Text	"거듭제곱 숫자 입력"
	Label2	Text	"출력 횟수 입력"
TextBox	TextBox1	Text	빈칸
	TextBox2	Text	빈칸
	TextBox3	MutiLine	True
		ReadOnly	True
Button	Button1	Text	"출력하기"

거듭제곱을 출력하는 프로그램의 전체 소스 코드는 다음과 같으며, 실행 결과는 <그림 4-6>과 같다.

```
Public Class Form1

    Private Sub Button1_Click(sender As System.Object, e As System.EventArgs)
Handles Button1.Click
        Dim input As Integer
        Dim num As Integer
        Dim i As Integer
        Dim mul As Double

        '거듭제곱할 숫자와 출력할 횟수를 입력 받음
        input = TextBox1.Text
        num = TextBox2.Text
```

```
        '거듭제곱 출력
        For i = 1 To num Step 1
            mul = input ^ i
            TextBox3.Text = TextBox3.Text & i & ": " & mul & vbCrLf
        Next i

    End Sub

End Class
```

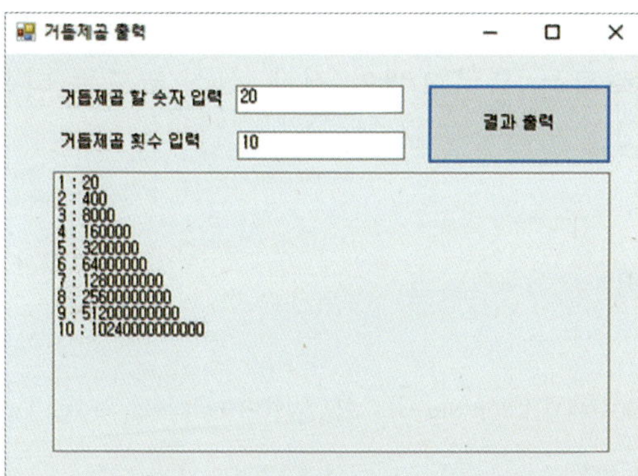

<그림 4-6> 거듭제곱 출력의 실행 결과

4.2 구구단 생성기 만들기

여기에서는 이 장의 처음에 언급한 것처럼 그룹박스, 옵션버튼, 텍스트박스를 이용하여 폼을 구성하고 구구단을 출력하는 프로그램을 작성해 본다. 우선 <그림 4-7>과 같이 옵션버튼과 텍스트박스를 배치하고 각 속성의 값을 [표 4-2]와 같이 설정한다.

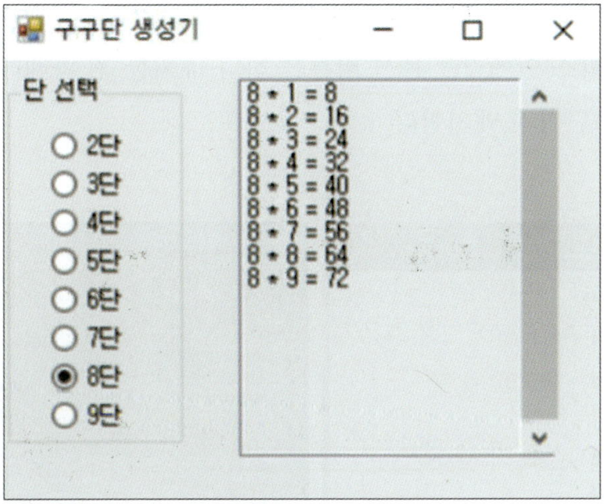

<그림 4-7> 구구단 생성기 폼

[표 4-2]은 구구단 생성기에 사용된 대표적인 컨트롤의 속성들을 나타낸 것이다.

[표 4-2] 구구단 생성기 폼의 속성

컨트롤	이름	속성	속성 값
TextBox	TextBox1	MultiLine	True
		ScrollBars	2-수직

텍스트박스에서 여러 줄에 걸쳐서 텍스트를 입력하기 위해서는 텍스트박스의 속성 중 MultiLine의 값을 True로 설정해야 한다. 또한 텍스트박스의 위아래 방향으로 스크롤바(ScrollBar)를 움직이면서 내용을 볼 수 있도록 하기 위해서는 텍스트박스의 오른쪽에 스크롤바가 오도록 설정하면 된다. 스크롤바는 텍스트박스의 ScrollBars 속성을 1-수평, 2-수직, 3-양방향 중의 어느 한 가지로 설정함으로써 다른 형태의 스크롤바를 만들 수 있다. "0-없음"을 선택하면 스크롤바가 만들어지지 않게 된다. 단, 주의할 점은 스크롤바를 설정하기 위해서는 MultiLine 속성의 값이 먼저 True로 설정되어 있어야 한다.

이제 구구단의 특정 단을 선택할 옵션 버튼들을 배치해 본다. <그림 4-8>과 같이 그룹박스 안에 2단 옵션 버튼을 하나 배치한 후 차례대로 복사, 붙여넣기를 통해 9단까지 배치한다.

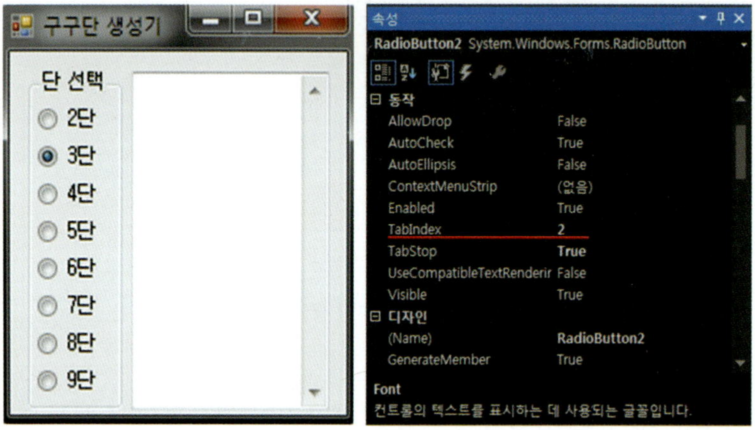

<그림 4-8> 구구단 발생기의 컨트롤 배치하기

배치를 끝낸 후에 라디오버튼의 속성 TabIndex를 살펴본다. 위 <그림 4-8>을 보면 2단부터 9단까지 0에서 7까지의 값을 가지고 있는 것을 알 수 있다(그림에서는 0에서 7까지 값을 가지고 있는 것을 알 수 없음). 이것을 통해 각 라디오버튼을 구분할 수 있으며, 각 라디오버튼이 선택됨에 따라 해당 구구단을 생성하여 텍스트박스에 출력한다.

이제 코드를 작성해 본다. 라디오버튼을 클릭했을 때 이벤트가 발생해야 한다. 따라서 각 라디오버튼을 더블클릭(Double Click)하여 다음과 같은 소스 작성 형태가 나오면, 그 속에 코드를 작성해 넣는다. 각 라디오버튼을 더블클릭하면 RadioButton1, RadioButton2 … 등 버튼 명만 다르고 나머지는 동일한 코드가 작성될 것이다.

```
Private Sub RadioButton1_CheckedChanged(sender As Object, e As EventArgs)
```

```
Handles RadioButton1.CheckedChanged
  '코드 작성할 곳
End Sub
```

앞에서 구구단의 생성에 TabIndex를 활용한다고 하였다. 라디오버튼들의 TabIndex의 값을 0부터 7까지로 설정하여 구구단의 2단부터 9단까지탭키를 통해 이동, 선택할 수 있도록 한다. 여기서 RadioButton1의 TabIndex의 값은 0이고, 이 버튼이 선택되면 2단이 출력되이야 한다는 것을 생각할 때, '계산할 단은 TabIndex + 2와 같다'는 관계를 생각해 볼 수 있다.

또한 2단의 경우 2*1부터 2*9까지 반복되는 것을 알 수 있다. 즉, 2단의 경우 2는 고정되어 있으며 곱하는 수의 값은 1부터 9까지 1씩 증가한다. 따라서 앞에서 학습한 반복문 For … Next를 사용하면 다음과 같은 코드를 완성할 수 있다.

```
Public Class Form1
   Dim i As Integer

   Private Sub RadioButton1_CheckedChanged(sender As Object, e As EventArgs)
Handles RadioButton1.CheckedChanged
      TextBox1.Text = ""
      For Me.i = 1 To 9
         TextBox1.Text = TextBox1.Text & vbCrLf & RadioButton1.TabIndex
         + 2 & " * " & i & " = " & (RadioButton1.TabIndex + 2) * i & vbCrLf
      Next i
   End Sub
   Private Sub RadioButton2_CheckedChanged(sender As Object, e As EventArgs)
```

```
Handles RadioButton2.CheckedChanged
        TextBox1.Text = ""
        For Me.i = 1 To 9
            TextBox1.Text = TextBox1.Text & vbCrLf & RadioButton2.TabIndex
            + 2 & " * " & i & " = " & (RadioButton2.TabIndex + 2) * i & vbCrLf
        Next i
    End Sub

    Private Sub RadioButton3_CheckedChanged(sender As Object, e As EventArgs)
Handles RadioButton3.CheckedChanged
        TextBox1.Text = ""
        For Me.i = 1 To 9
            TextBox1.Text = TextBox1.Text & vbCrLf & RadioButton3.TabIndex
            + 2 & " * " & i & " = " & (RadioButton3.TabIndex + 2) * i & vbCrLf
        Next i
    End Sub

    Private Sub RadioButton4_CheckedChanged(sender As Object, e As EventArgs)
Handles RadioButton4.CheckedChanged
        TextBox1.Text = ""
        For Me.i = 1 To 9
            TextBox1.Text = TextBox1.Text & vbCrLf & RadioButton4.TabIndex
            + 2 & " * " & i & " = " & (RadioButton4.TabIndex + 2) * i & vbCrLf
        Next i
    End Sub

    Private Sub RadioButton5_CheckedChanged(sender As Object, e As EventArgs)
```

```
Handles RadioButton5.CheckedChanged
        TextBox1.Text = ""
        For Me.i = 1 To 9
            TextBox1.Text = TextBox1.Text & vbCrLf & RadioButton5.TabIndex
            + 2 & " * " & i & " = " & (RadioButton5.TabIndex + 2) * i & vbCrLf
        Next i
    End Sub

    Private Sub RadioButton6_CheckedChanged(sender As Object, e As EventArgs)
Handles RadioButton6.CheckedChanged
        TextBox1.Text = ""
        For Me.i = 1 To 9
            TextBox1.Text = TextBox1.Text & vbCrLf & RadioButton6.TabIndex
            + 2 & " * " & i & " = " & (RadioButton6.TabIndex + 2) * i & vbCrLf
        Next i
    End Sub

    Private Sub RadioButton7_CheckedChanged(sender As Object, e As EventArgs)
Handles RadioButton7.CheckedChanged
        TextBox1.Text = ""
        For Me.i = 1 To 9
            TextBox1.Text = TextBox1.Text & vbCrLf & RadioButton7.TabIndex
            + 2 & " * " & i & " = " & (RadioButton7.TabIndex + 2) * i & vbCrLf
        Next i
End Sub

    Private Sub RadioButton8_CheckedChanged(sender As Object, e As EventArgs)
```

```
Handles RadioButton8.CheckedChanged
        TextBox1.Text = “”
        For Me.i = 1 To 9
            TextBox1.Text = TextBox1.Text & vbCrLf & RadioButton8.TabIndex
            + 2 & “ * “ & i & “ = “ & (RadioButton8.TabIndex + 2) * i & vbCrLf
        Next i
    End Sub

End Class
```

실행 결과는 <그림 4-9>와 같다.

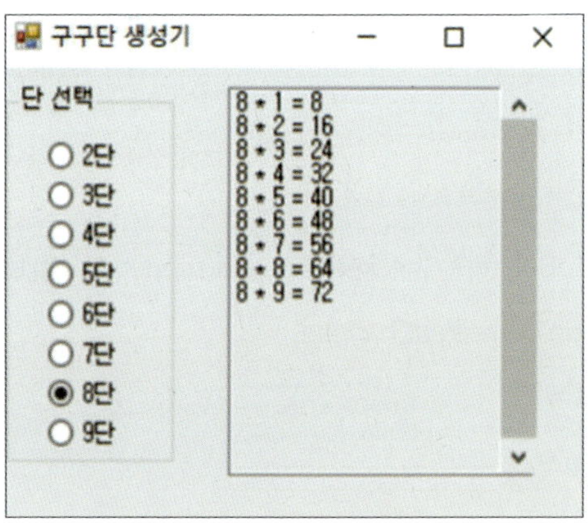

<그림 4-9> 구구단 생성기의 실행 결과

확인 학습 문제

1. 다음과 같이 수행되는 팩토리얼(Factorial) 계산 프로그램을 작성해 보자.

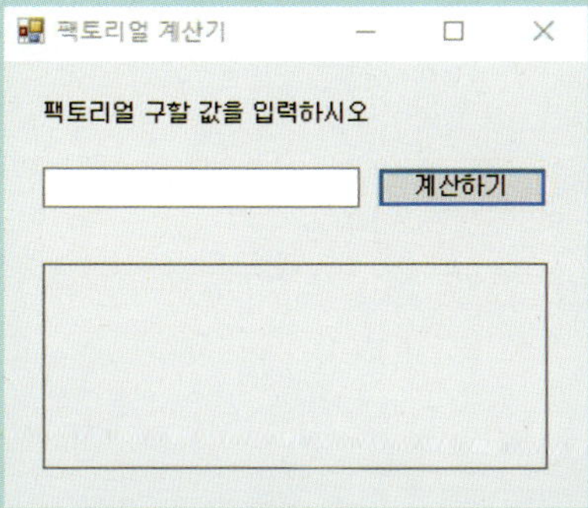

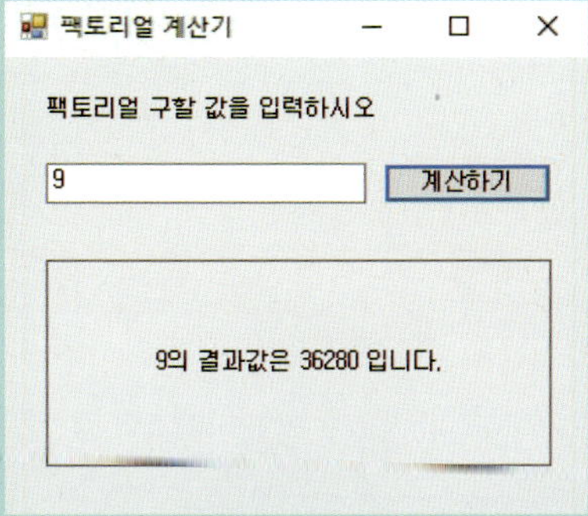

2. 다음과 같이 1부터 100까지의 숫자 중 특정한 수의 배수의 합을 구하되, 그 합이 최대 허용치보다 크면 프로그램을 종료하도록 작성해 보자.

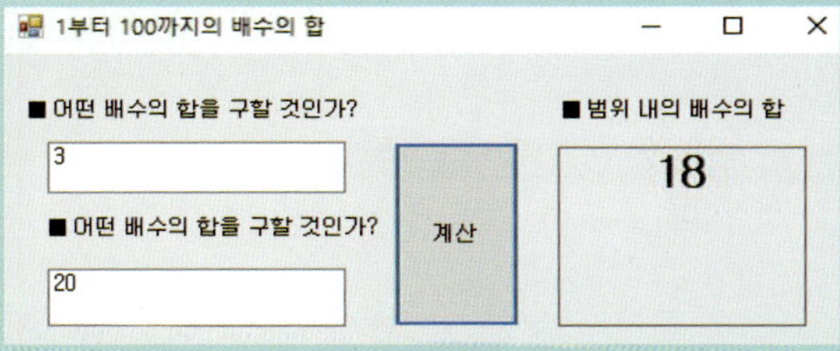

3. 입력받은 수 이하의 소수와 소수의 개수를 다음 그림과 같은 모양으로 출력하는 프로그램을 작성해 보자.

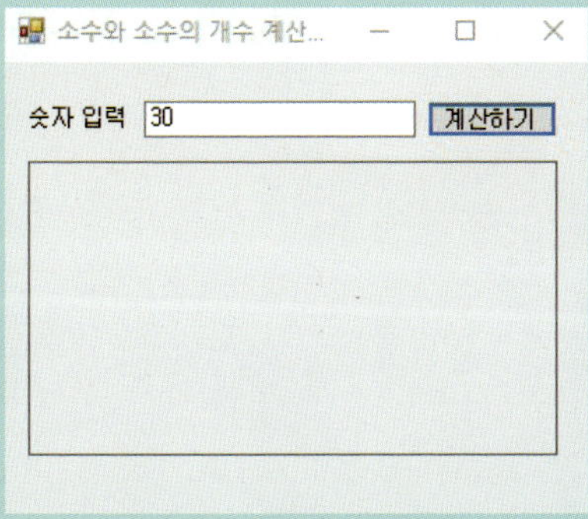

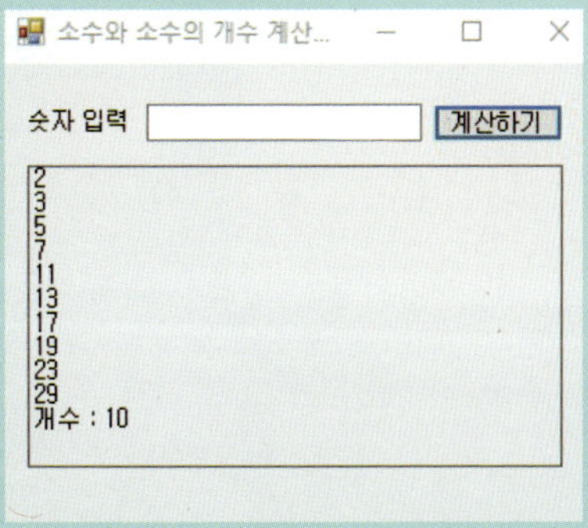

5장

음악 관리기로 익히는 리스트박스와 콤보박스

이 장에서는 많은 응용 프로그램에서 항목 선택 방법으로 자주 사용하는 리스트박스와 콤보박스의 활용 방법을 익혀서, 음악 선곡기와 음악 분류기를 구현해 본다. 왼쪽 리스트박스에 있는 음악들에서 음악을 선택한 후, '음악 선택' 버튼을 클릭하면 오른쪽 리스트박스 목록에 삽입되고, 오른쪽 리스트박스에 있는 음악을 선택한 후, '음악 삭제' 버튼을 클릭하면 왼쪽 리스트박스 목록에서 그 음악이 삭제되는 프로그램을 작성해 본다. 그리고 콤보박스에서 항목을 선택하거나 직접 입력하여 음악을 분류하는 프로그램도 작성해 본다.

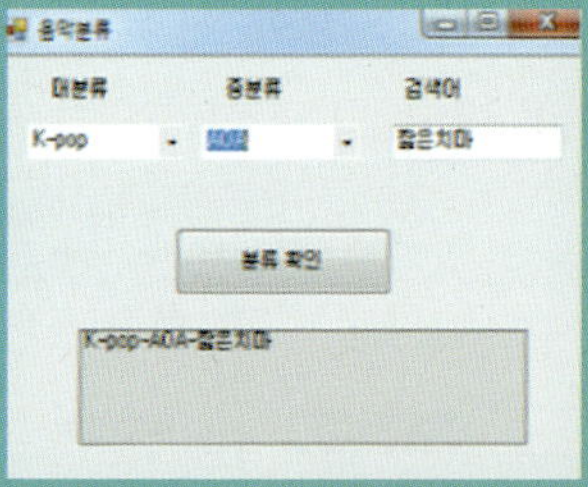

2018
21%
12 %
61%
6%

5.1 리스트박스

리스트박스(ListBox)는 사용자에게 선택할 수 있는 항목들의 목록을 제시하고 하나 이상의 항목을 선택할 수 있도록 하는 컨트롤이다. 항목의 수가 가능한 범위를 초과하면 자동으로 스크롤바가 추가된다. 리스트박스 컨트롤의 주요 속성과 메소드는 다음 [표 5-1]과 같다.

[표 5-1] 리스트박스의 주요 속성 및 메소드

속성	설명
(Name)	개체를 식별하기 위해 코드에 사용되는 이름을 나타냄
Enabled	컨트롤 사용 여부
Items	리스트박스의 항목
MultiColumn	값을 열에 가로로 표시할지 여부
Sorted	목록 정렬 여부를 제어 (True/False)
Visible	컨트롤을 표시할지 여부 결정
SelectionMode	리스트박스가 단일 선택 또는 다중 선택 리스트박스인지 아니면 선택할 수 없는 리스트박스인지를 나타냄
ScrollAlwaysVisible	리스트박스의 항목 수에 관계없이 리스트박스에 항상 스크롤 막대를 표시할지 여부

메소드	설명
Items.Add()	리스트박스에 항목을 추가, 예) 객체 이름.items.Add(추가할 내용)
Items.Clear()	리스트박스에서 모든 항목 삭제, 예) 객체이름.items.Clear(추가할 내용)

리스트박스를 이용하여 <그림 5-1>과 같은 폼으로 음악 목록에 항목을 추가하거나 삭제하는 프로그램을 작성해 본다.

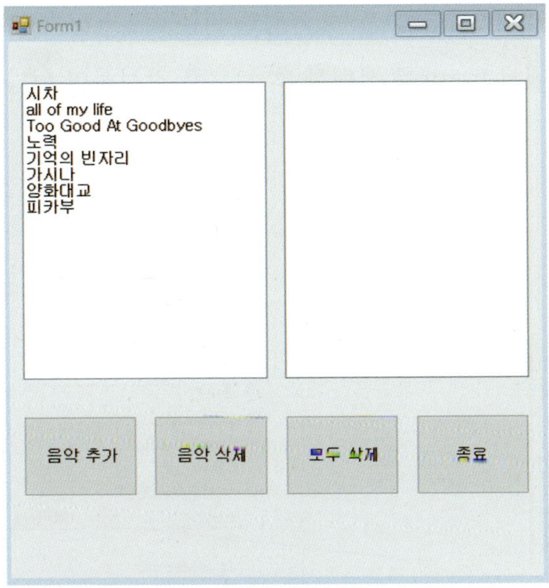

<그림 5-1> 음악 선곡기 폼

이 폼에 나타나는 컨트롤들의 속성은 [표 5-2]와 같다.

[표 5-2] 음악 선곡기 컨트롤들의 속성

컨트롤	이름	속성	속성 값
ListBox	ListBox1	Items	바닐라, 쉐이크, 와리가리, 양화대교, shake it, 뱅뱅뱅, 맨정신, Remember
		SelectionMode	MultiExtended
TextBox	TextBox1	Text	
Button	Button1	Text	음악 추가
	Button2	Text	음악 삭제
	Button3	Text	모두 삭제
	Button4	Text	종료

음악 선곡기에 항목(Item)을 추가하는 방법은 <그림 5-2>와 같이 리스트 박스의 속성 창에서 Items를 선택한 후 코드를 작성하면 된다.

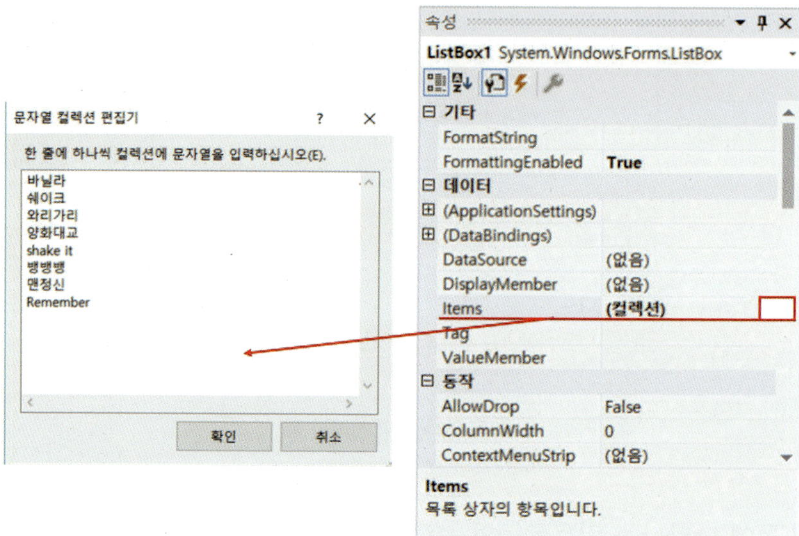

<그림 5-2> 음악 선곡기에 항목 추가하기

음악 선곡기에서 음악 목록에 새로운 곡을 추가하거나 삭제하기 위한 소스 코드는 다음과 같다.

```
Public Class Form1

    Private Sub Button1_Click(ByVal sender As System.Object,
     ByVal e As System.EventArgs) Handles Button1.Click
         ListBox1.Items.Add(TextBox1.Text) 'ListBox1에 Items.Add 메소드를 이용하여
TextBox1.Text 값을 추가한다.
        TextBox1.Text = ""
        TextBox1.Focus()
    End Sub

    Private Sub Button2_Click(ByVal sender As System.Object,
     ByVal e As System.EventArgs) Handles Button2.Click
        If ListBox1.SelectedIndex = -1 Then
            MsgBox("리스트에서 항목을 선택하시오") '리스트박스의 항목이 어떤 것도 선
택되지 않았으면 메시지박스로 오류 메시지를 출력
        Else
          ListBox1.Items.Remove(ListBox1.SelectedItem) '선택된 항목을 삭제한다.
        End If
    End Sub

    Private Sub Button3_Click(ByVal sender As System.Object,
     ByVal e As System.EventArgs) Handles Button3.Click
        ListBox1.Items.Clear() '리스트박스의 모든 항목을 삭제한다.
    End Sub
```

```
    Private Sub Button4_Click(ByVal sender As System.Object,
     ByVal e As System.EventArgs) Handles Button4.Click
        End
    End Sub

End Class
```

이 프로그램의 실행 결과는 <그림 5-3>과 같다.

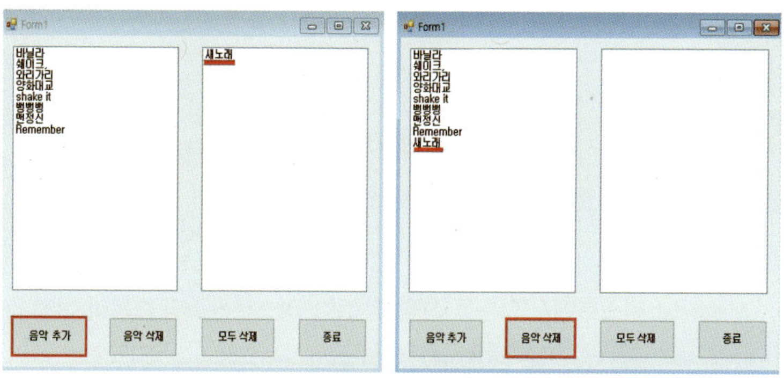

<그림 5-3> 목록 추가 및 삭제 결과 화면

5.2 콤보박스(ComboBox)

콤보박스(ComboBox)는 리스트박스와 텍스트박스가 결합된 컨트롤로서 리스트박스와 거의 동일한 속성, 이벤트, 메소드를 가진다. 그러나 콤보박스는 리스트박스와는 달리 목록에서 항목을 선택할 수 있을 뿐만 아니라 직접 입력할 수도 있다. 콤보박스의 주요 속성은 [표 5-3]과 같다.

[표 5-3] 콤보박스의 주요 속성

속성	설명
Items	콤보박스의 항목
Text	드롭다운 콤보 혹은 단순 콤보의 경우 입력될 텍스트나 목록에서 선택된 텍스트 설정
Locked	컨트롤의 편집 가능 여부(True/False) Locked 값이 True인 경우는 리스트에서 값을 변경할 수 없음

그러면 이 콤보박스를 이용하여 <그림 5-4>의 폼과 같이 음악을 분류하는 프로그램을 만들어 본다.

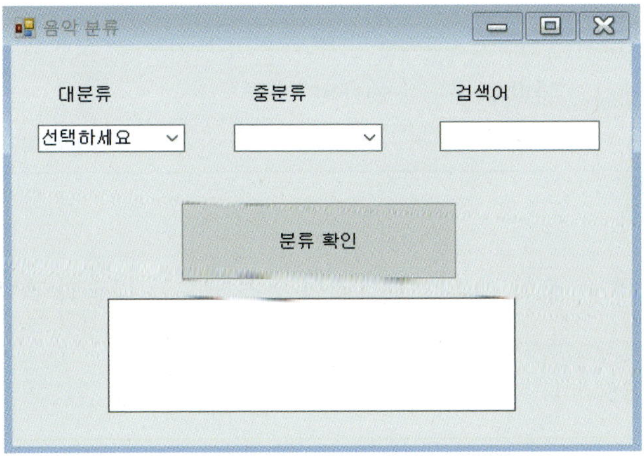

<그림 5-4> 음악 분류기 폼

이 폼에 나타나는 컨트롤들의 속성은 [표 5-4]와 같다.

[표 5-4] 음악 분류기 컨트롤들의 속성

<table>
<tr><th>컨트롤</th><th>이름</th><th>속성</th><th>속성 값</th></tr>
<tr><td>Form</td><td>Form1</td><td>Text</td><td>음악 분류</td></tr>
<tr><td rowspan="5">Label</td><td>Label1</td><td>Text</td><td>대분류</td></tr>
<tr><td>Label2</td><td>Text</td><td>중분류</td></tr>
<tr><td>Label3</td><td>Text</td><td>검색어</td></tr>
<tr><td rowspan="2">Label4</td><td>Text</td><td></td></tr>
<tr><td>BorderStyle</td><td>FixedSingle</td></tr>
<tr><td rowspan="4">ComboBox</td><td rowspan="3">ComboBox1</td><td>items</td><td>K-pop, J-pop, pop</td></tr>
<tr><td>Text</td><td>선택하세요</td></tr>
<tr><td>Style</td><td>0-드롭다운 콤보</td></tr>
<tr><td>ComboBox2</td><td>Style</td><td>2-드롭다운 목록</td></tr>
<tr><td>TextBox</td><td>TextBox1</td><td>Text</td><td></td></tr>
<tr><td>Button</td><td>Button1</td><td>Text</td><td>분류 확인</td></tr>
</table>

이를 처리하는 음악 분류 프로그램의 소스 코드는 다음과 같다.

```
Public Class Form1

    Private Sub ComboBox1_SelectedIndexChanged(ByVal sender As
System.Object, ByVal e As System.EventArgs) Handles
ComboBox1.SelectedIndexChanged

        ComboBox2.Items.Clear()
'기존에 보여 주던 중분류 콤보박스의 항목을 모두 삭제한다.
```

```
        If ComboBox1.Items(ComboBox1.SelectedIndex) = "K-pop" Then
            ComboBox2.Items.Add("AOA")
            ComboBox2.Items.Add("소녀시대")
            ComboBox2.Items.Add("레인보우")
'대분류 콤보박스에서 선택한 항목이 "K-pop"이면  중분류 콤보박스 컨트롤에 "AOA",
"소녀시대", "레인보우" 항목을 선택할 수 있도록 추가한다.
        ElseIf ComboBox1.Items(ComboBox1.SelectedIndex) = "J-pop" Then
            ComboBox2.Items.Add("Sato Satomi")
            ComboBox2.Items.Add("Komatsu Mikako")
            ComboBox2.Items.Add("Kitamura eri")
'대분류 콤보박스에서 선택한 항목이 "J-pop"이면 중분류 콤보박스 컨트롤에 "Sato
Satomi", "Komatsu Mikako", "Kitamura eri" 항목을 선택할 수 있도록 추가한다.
        Else
            ComboBox2.Items.Add("Jay-z")
            ComboBox2.Items.Add("Maroon 5")
            ComboBox2.Items.Add("Rihanna")
        End If
'대분류 콤보박스에서 선택한 항목이 "pop"이면 중분류 콤보박스 컨트롤에 "Jay-z",
"Maroon 5", "Rihanna" 항목을 선택할 수 있도록 추가한다.
    End Sub

    Private Sub Button1_Click(ByVal sender As System.Object, ByVal e As System.
EventArgs) Handles Button1.Click

        Label4.Text = ComboBox1.Items(ComboBox1.SelectedIndex) &
        "-" & ComboBox2.Items(ComboBox2.SelectedIndex) & "-" & TextBox1.Text
'대분류 콤보박스 및 중분류 콤보박스에서의 선택 항목과 Text1에 입력한 내용을 모두
```

```
출력한다.
    End Sub

End Class
```

이 프로그램의 실행 결과는 <그림 5-5>와 같다.

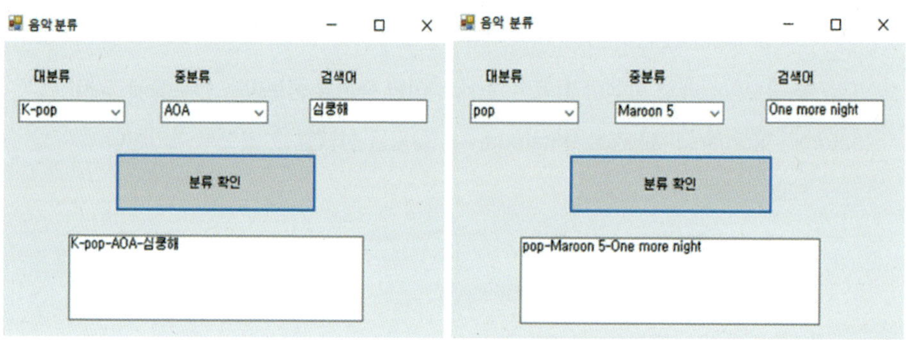

<그림 5-5> 음악 분류기의 실행 결과 화면

5.3 영화 예매 확인 프로그램 만들기

이 절에서는 콤보박스를 이용하여 영화관과 영화 장르를 선택하고, 리스트박스를 이용하여 옵션을 선택하는 프로그램을 만들어 본다. 폼은 그룹박스, 리스트박스, 콤보박스 컨트롤을 이용하여 <그림 5-6>과 같이 구성한다.

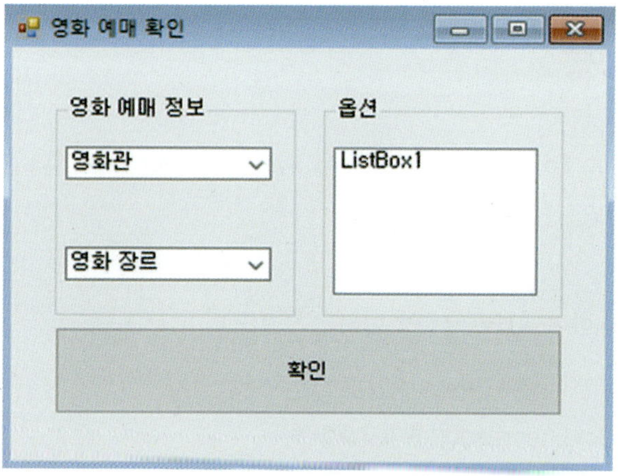

<그림 5-6> 영화 예매 확인 폼 구성

각 컨트롤의 속성은 [표 5-5]와 같이 설정한다.

[표 5-5] 컨트롤의 속성 값들

컨트롤	이름	속성	속성 값
Form	Form1	Text	“영화 예매 확인”
GroupBox	GroupBox1	Text	“영화 예매 정보”
	GroupBox2	Text	“옵션”
ListBox	ListBox1	SelectionMode	one
ComboBox	ComboBox1	text	“영화관”
	ComboBox2	text	“영화 장르”
Button	Button1	Text	“확인”

영화 예매 상태를 확인하는 프로그램의 전체 소스 코드는 다음과 같으며, 실행 결과는 <그림 5-7>과 같다.

```
Public Class Form1

    Private Sub Form4_Load(sender As System.Object, e As System.EventArgs)
Handles MyBase.Load

        '콤보박스와 리스트박스 항목 입력
        ComboBox1.Items.Add("CGV")
        ComboBox1.Items.Add("롯데시네마")
        ComboBox1.Items.Add("메가박스")

        ComboBox2.Items.Add("액션")
        ComboBox2.Items.Add("호러")
        ComboBox2.Items.Add("SF")
        ComboBox2.Items.Add("멜로")
        ComboBox2.Items.Add("코메디")

        ListBox1.Items.Add("2D")
        ListBox1.Items.Add("3D")
        ListBox1.Items.Add("4DX")
        ListBox1.Items.Add("할인석")

    End Sub

    Private Sub Button1_Click(sender As System.Object, e As System.EventArgs)
Handles Button1.Click

        '메시지박스
```

```
        MsgBox("영화관은 " & ComboBox1.Text & "입니다. 영화 장르는 " &
ComboBox2.Text & "이고 " & ListBox1.Text & "을 선택하셨습니다.")
    End Sub

End Class
```

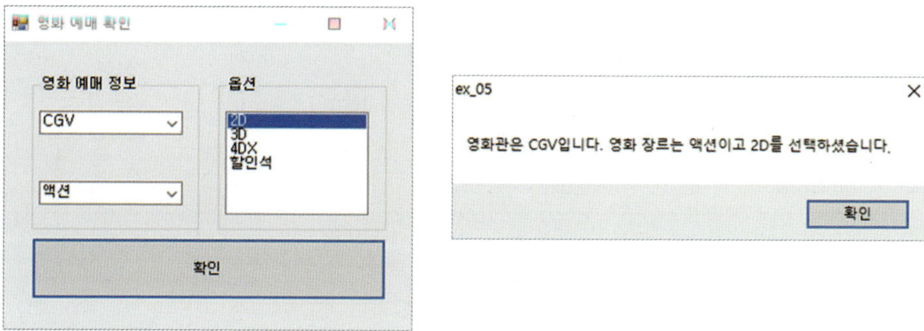

<그림 5-7> 영화 예매 확인 프로그램의 실행 결과

확인 학습 문제

1. 다음 조건을 만족하는 회원 관리 프로그램을 작성해 보자.

	컨트롤	이름	속성
TextBox	TextBox1	Text	
Button	Button1	Text	추가
	Button2	Text	조회
	Button3	Text	초기화
	Button4	Text	종료
ListBox	ListBox1	Items	설현 송중기 송혜교
TextBox	TextBox2	Text	

관련 컨트롤들의 속성

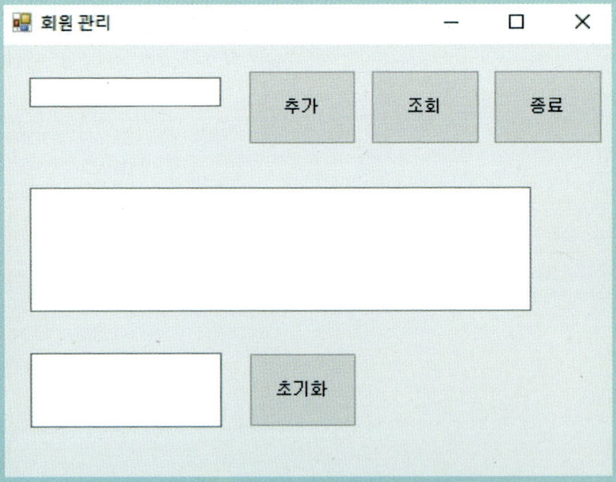

회원 관리 프로그램의 화면 폼

프로그램의 수행 조건은 다음과 같다.

(1) 폼은 위의 왼쪽 그림과 같이 설계한다.

(2) 처음 실행 화면은 아래 [실행 결과 1]과 같다.

(3) [실행 결과 2~3]과 같이 텍스트박스에 입력한 내용을 추가, 조회할 수 있다.

(4) [실행 결과 4]와 같이 초기화 버튼을 클릭하면 TextBox2의 항목이 초기화된다.

(5) [실행 결과 5]와 같이 ListBox의 항목을 선택하면 결과가 TextBox2에 나타난다.

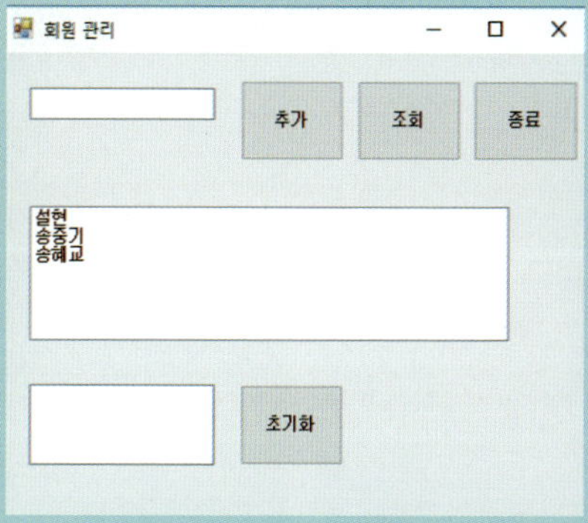

[실행 결과 1]

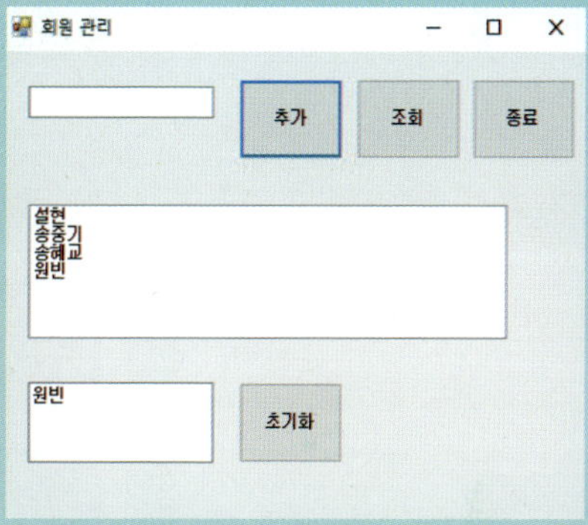

[실행 결과 2]

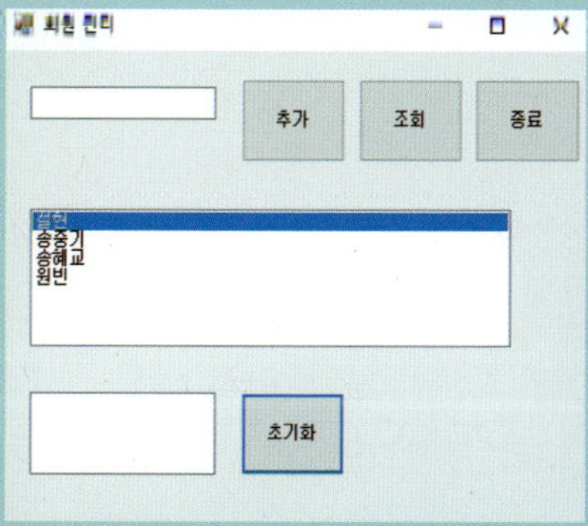

[실행 결과 3]

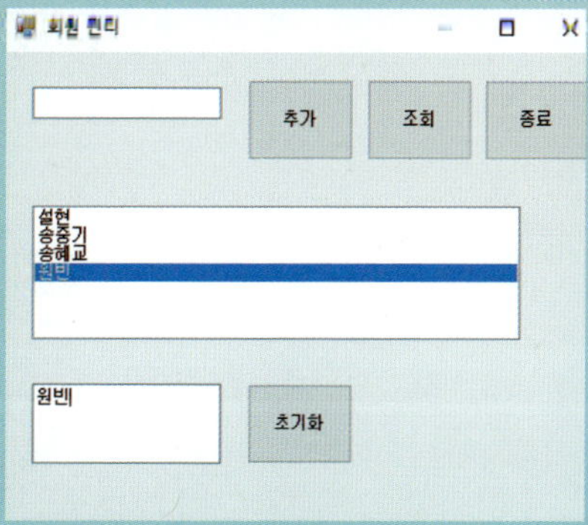

[실행 결과 4]

6장

이미지 다루기로 익히는 여러 가지 바와 픽처박스

앞에서 살펴본 여러 가지 기본 컨트롤들 외에도 비주얼 베이직에서는 프로그램의 운영을 위해 여러 가지 바 컨트롤들을 제공한다. 이 장에서는 트랙바, 스크롤바, 프로그래스바 컨트롤들에 대해서 알아보고, 픽처박스를 이용하여 이미지를 다루는 방법도 알아본다.

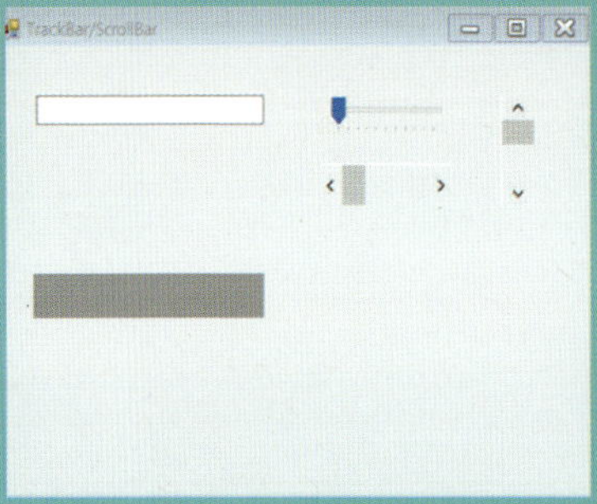

6.1 트랙바

트랙바(TrackBar) 컨트롤은 스크롤바 컨트롤의 일종으로 스크롤 기능을 제공한다. 트랙바 컨트롤의 Minimum 속성을 설정함으로써 트랙바가 나타낼 하한 값을 정하고, Maximum 속성을 설정함으로써 상한 값을 정할 수 있으며, 트랙 표시 줄에서 바가 가리키는 값은 Value 속성 값을 설정함으로써 지정할 수 있다. Minimum의 기본 값은 0, Maximum의 기본 값은 10, Value의 기본 값은 0이다. <그림 6-1>은 트랙바의 주요 속성의 기본 설정 상태와 Value 속성을 0에서 5로 변경했을 때의 변화된 상태를 보여 준다.

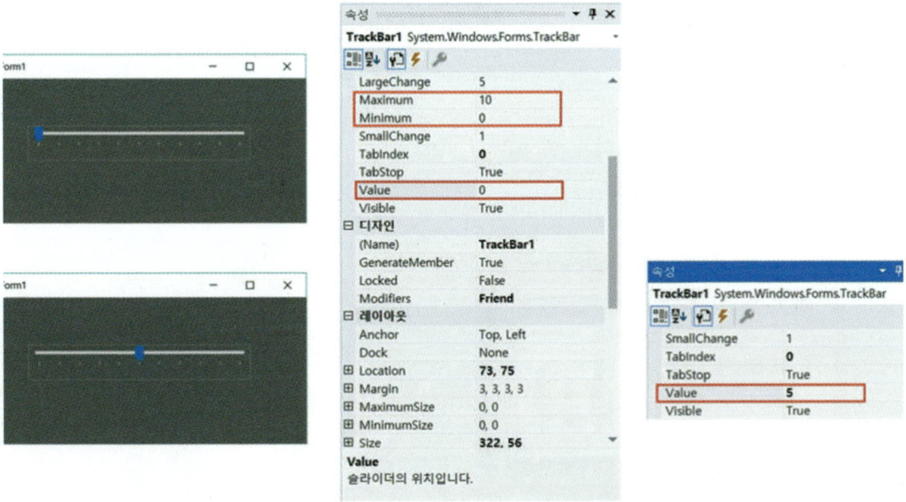

<그림 6-1> 트랙바의 주요 속성들의 기본 값과 Value의 변경

LargeChange 속성은 스크롤바의 어느 한 쪽을 클릭했을 때 Value 속성에서 증가되거나 감소되는 값을 정의한다. LargeChange 속성의 기본 값은 5로 설정되어 있다. 트랙 표시 줄은 가로나 세로로 표시될 수 있다. 이 컨트롤을 사용하면 Value 속성을 통해 가져온 수치 데이터를 입력할 수 있다. 입력한 수치 데이터를 컨트롤에 표시하거나 코드에서 사용할 수 있다. 다음 [표 6-1]은 트랙바 컨트롤의 주요 속성과 메소드 및 이벤트들이다.

[표 6-1] 트랙바 컨트롤의 주요 속성, 메소드, 이벤트

속성	설명
AutoSize	트랙 표시 줄의 높이나 너비가 자동으로 조정되도록 할 것인지 여부 설정
BackColor	컨트롤의 배경 색 설정
Maximum	트랙바가 사용되는 범위의 상한 설정
Minimum	트랙바가 사용되는 범위의 하한 설정
LargeChange	트랙바를 클릭하거나 키보드의 PageUp 또는 PageDown 키를 눌렀을 때 Value 값이 어느 정도 증가 또는 감소할 것인지 설정
SmallChange	키보드의 방향 키를 누를 때마다 Value 값이 어느 정도 증가 또는 감소할 것인지 설정
Value	트랙바에서의 현재 지정 값

메소드	설명
Focus	컨트롤에 대한 입력 포커스를 설정(Control에서 상속)
Hide	사용자에게 컨트롤을 숨길 때 사용(Control에서 상속)
OnClick	Click 이벤트를 발생시킴

이벤트	설명
Click	사용자가 트랙바 컨트롤을 클릭할 때 발생
DoubleClick	사용자가 트랙바 컨트롤을 더블 클릭할 때 발생

6.2. 스크롤바(ScrollBar)

스크롤바(ScrollBar) 컨트롤은 이미 그 요소들이 다른 컨트롤들의 기본 속성으로 제공되기 때문에 보통 독립적으로 사용하지는 않는다. 하지만, 자체 컨트롤 막대를 제공하지 않는 컨테이너(Container)에서 스크롤을 구현하는 픽처박스(PictureBox)나 숫자 데이터를 입력할 때는 자주 사용한다. 이때, 숫자 데이터를 컨트롤에 지정하거나 코드에서 사용할 수 있다.

트랙바와 마찬가지로 스크롤바도 Minimum 및 Maximum 속성 값을 설정하여 선택할 수 있는 값의 범위를 결정한다. LargeChange 속성은 스크롤바 부분을 클릭했을 때 이동할 값의 크기를 설정하고, SmallChange 속성은 스크롤바의 양 끝에 있는 화살표를 클릭했을 때 이동할 값의 크기를 설정한다.

스크롤바에는 수직/수평 스크롤바(VScrollBar/HScrollBar)가 별도로 제공되며 속성과 메소드 그리고 이벤트는 트랙바의 그것들과 유사하다. 이 컨트롤을 사용하는 간단한 프로그램을 <그림 6-2>의 폼을 기반으로 하여 작성해 본다. 폼 및 각 컨트롤들에 대한 속성은 [표 6-2]와 같다.

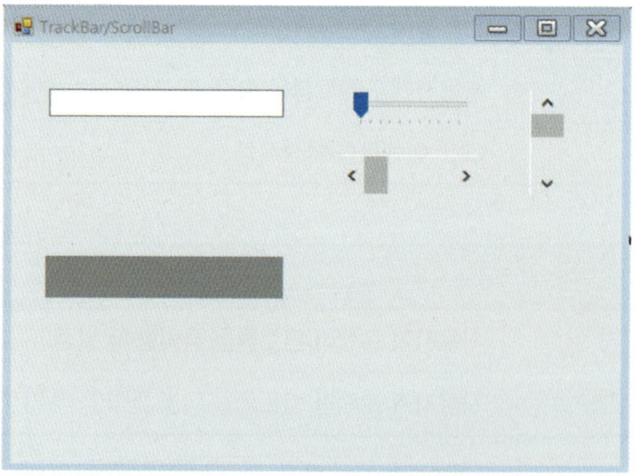

<그림 6-2> 스크롤바 컨트롤 사용 폼

[표 6-2] 스크롤바 컨트롤 폼의 속성

컨트롤	이름	속성	속성 값
Form	Form1	Text	TrackBar/ScrollBar
TextBox	TextBox1		
Label	Label1		
TrackBar	TrackBar1	Maximum	100
		Minimum	0
VScrollBar	VScrollBar1	Maximum	1000
		Minimum	0
	HScrollBar1	Maximum	1000
		Minimum	0

<그림 6-2>와 같이 폼을 만든 후, 텍스트박스(TextBox1), 라벨(Label1), 트랙바(TrackBar), 수직 스크롤바(VScrollBar), 수평 스크롤바(HScrollBar)를 폼의 적당한 위치에 배치한다. 그리고 [표 6-2]와 같이 트랙바, 수직 스크롤바, 수평 스크롤바의 각 속성 창 목록에서 범위 값으로 Maximum과 Minimum의 값을 트랙바는 '100'과 '0'으로 변경하고 스크롤바는 '1000'과 '0'으로 변경한다.

이들 컨트롤들을 사용해 작성한 프로그램의 소스 코드는 다음과 같다.

```
Public Class Form1

    Private Sub TrackBar1_Scroll(ByVal sender As System.Object,
     ByVal e As System.EventArgs) Handles TrackBar1.Scroll
        VScrollBar1.Value = 0        '컨트롤의 최솟값을 0으로 초기화한다.
        HScrollBar1.Value = 0        '컨트롤의 최솟값을 0으로 초기화한다.
        TextBox1.Text = TrackBar1.Value
```

```
        'TrackBar1의 Scroll을 이동시키면 결과값이  TextBox1에 나타난다.
    Label1.Text = "TrackBar 선택"
        '작업하려는 Scroll을 선택하면 Label에 현재 무슨 작업을 하는지 나타내 준다.
End Sub

Private Sub VScrollBar1_Scroll(ByVal sender As System.Object,
  ByVal e As System.Windows.Forms.ScrollEventArgs) Handles VScrollBar1.Scroll
    TrackBar1.Value = 0          '컨트롤의 최솟값을 0으로 초기화한다.
    HScrollBar1.Value = 0        '컨트롤의 최솟값을 0으로 초기화한다.
    TextBox1.Text = VScrollBar1.Value
        'TrackBar1의 Scroll을 이동시키면 결과 값이  TextBox1에 나타난다.
    Label1.Text = "VScrollBar 선택"
        '작업하려는 Scroll을 선택하면 Label에 현재 무슨 작업을 하는지 나타내 준다.
End Sub

Private Sub HScrollBar1_Scroll(ByVal sender As System.Object,
  ByVal e As System.Windows.Forms.ScrollEventArgs) Handles HScrollBar1.Scroll
    VScrollBar1.Value = 0  '수직 스크롤바 컨트롤의 최솟값을 0으로 초기화한다.
    TrackBar1.Value = 0    '트랙바 컨트롤의 최솟값을 0으로 초기화한다.
    TextBox1.Text = HScrollBar1.Value
'TrackBar1의 Scroll을 이동시키면 결과값이  TextBox1에 나타난다.
    Label1.Text = "HScrollBar 선택"
'작업하려는 Scroll을 선택하면 Label에 현재 무슨 작업을 하는지 나타내 준다.
End Sub

End Class
```

프로그램의 실행 결과는 <그림 6-3>과 같다.

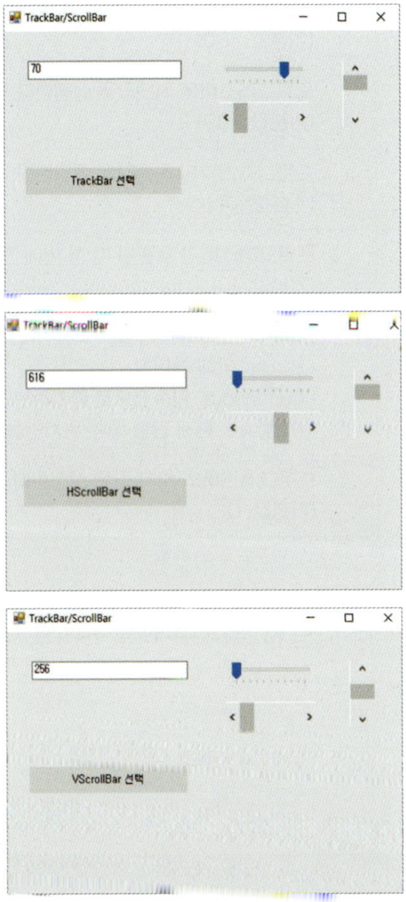

<그림 6-3> 트랙바 및 스크롤바의 사용 결과 화면들

6.3 프로그래스바 컨트롤

프로그래스바(ProgressBar) 컨트롤은 작업의 진행률을 시각적으로 보여 주는 역할을 하며 주로 타이머(Timer) 컨트롤과 함께 사용된다. 예를 들어 프로그램을 설치할 때 사용자에게 설치 진행률을 알려 주는 것은 매우 유용한 기능이다. [표 6-3]은 프로그래스바 컨트롤의 주요 속성이다.

[표 6-3] 프로그래스바 컨트롤의 주요 속성

속성	설명
MarqueeAnimationSpeed	프로그래스바의 애니메이션 속도(밀리초 단위)를 지정한다. (기본값: 100)
Maximum	프로그래스바의 최댓값을 설정한다. (기본값: 100)
Minimum	프로그래스바의 최솟값을 설정한다. (기본값: 0)
Step	프로그래스바가 호출될 때 한 번에 진행되는 양을 설정한다. (기본값: 10)
Style	프로그래스바의 스타일을 지정한다. • Blocks: 막대 게이지 • Continuous: 연속적으로 증가하는 게이지 • Marquee: 현재 진행 중인 위치만을 나타내는 게이지
Value	프로그래스바의 시작 값을 설정한다. (기본값: 0)

이 컨트롤을 사용하는 간단한 프로그램을 <그림 6-4>의 폼을 기반으로 작성해 본다.

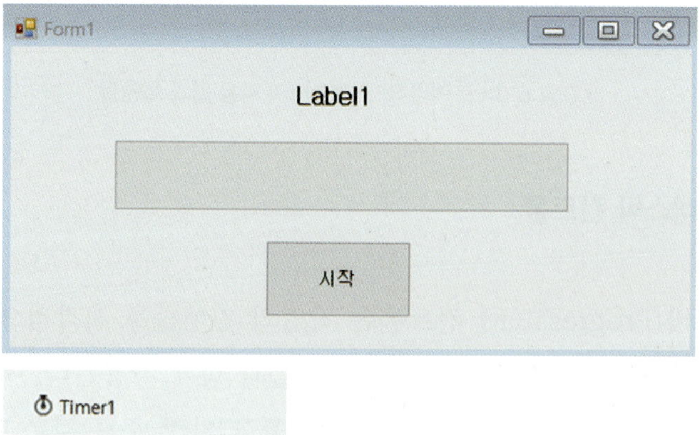

<그림 6-4> 프로그래스바 컨트롤의 사용 폼

<그림 6-4>에서 사용된 컨트롤들의 속성은 [표 6-4]와 같다.

[표 6-4] 프로그래스바 컨트롤 사용 폼의 속성

컨트롤 이름	이름	속성	속성 값
Timer	Timer1	Enabled	False
		Interval	1000
Label	Label1	Text	프로그래스바
		Font	크기: 12pt 글꼴 스타일: 굵게
Button	Button1	Text	시작
ProgressBar	ProgressBar1	Step	20
		Style	Blocks

프로그래스바 컨트롤을 사용한 프로그램의 소스 코드는 다음과 같다.

```
Public Class Form1

    Private Sub Button1_Click(ByVal sender As System.Object,
     ByVal e As System.EventArgs) Handles Button1.Click
       Timer1.Enabled = True          '타이머를 활성화한다.
    End Sub

    Private Sub Timer1_Tick(ByVal sender As System.Object,
     ByVal e As System.EventArgs) Handles Timer1.Tick
        ProgressBar1.PerformStep( )
        '타이머 이벤트가 1초마다 발생하여 1초마다 ProgrressBar1의 Step 값(20)
          만큼 진행시킨다.
    End Sub

End Class
```

이 프로그램의 실행 결과는 <그림 6-5>와 같다.

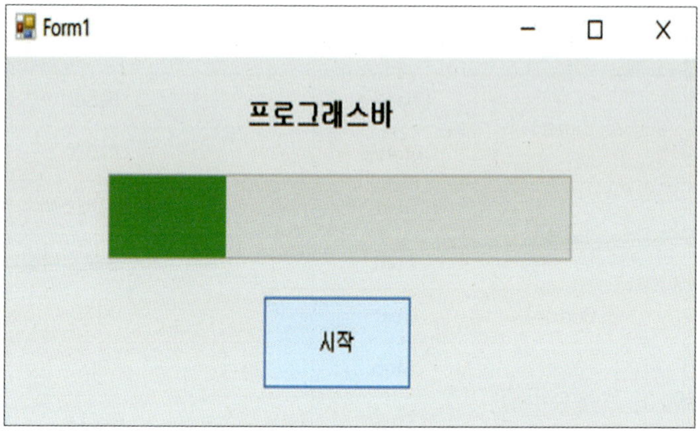

<그림 6-5> 프로그래스바 컨트롤을 사용한 결과 화면

6.4 픽처박스

픽처박스(PictureBox)는 주로 그림을 보여 주거나 다른 컨트롤을 그룹화하기 위해 사용하는 컨트롤이다. 주로 비트맵, 메타 파일, 아이콘, JPEG, GIF, 또는 PNG 파일과 같은 이미지 및 그래픽을 표시하는 데 사용한다. 픽처박스는 이미지 컨트롤과 성격이 유사한 컨트롤로서 이미지 컨트롤보다 더 많은 속성과 이벤트 및 메소드를 가지고 있다.

다음 <그림 6-6>과 같이 픽처박스 컨트롤을 이용해서 이미지를 제어하는 프로그램을 작성해 본다.

<그림 6-6> 픽처박스 컨트롤을 이용한 이미지 제어 폼

우선 픽처박스 컨트롤의 주요 속성들은 [표 6-5]와 같다.

[표 6-5] 픽처박스 컨트롤의 주요 속성들

속성	설명	
Image	픽처박스에 표시되는 이미지	
BackgroundImage	컨트롤에 사용할 배경 이미지	
BorderStyle	PictureBox 테두리 표시는 제어(None/FixedSingle/Fixed3D)	
SizeMode	PictureBox에서 이미지의 배치와 컨트롤의 크기를 조정하는 방법	
	Normal	원본 이미지 크기에 따라 일정 부분만 출력
	StretchImage	이미지 전체가 PictureBox의 Size에 관계없이 전체 이미지를 출력
	AutoSize	PictureBox의 Size를 이미지 크기에 맞게 출력 Normal의 결과와 달리 오른쪽 부분과 아래 부분이 확장
	CenterImage	이미지 중앙 부분과 PictureBox의 중앙 부분을 맞춰 이미지 크기만큼 출력, 원본 사진의 중심 부분만 출력
	Zoom	PictureBox의 크기에 맞춰 이미지를 조절

이 폼을 구성하는 컨트롤들의 속성은 [표 6-6]과 같다.

[표 6-6] 이미지 제어 폼에 사용된 컨트롤들의 속성

컨트롤	이름	속성	속성 값
Form	Form1	Text	PictureBox
PictureBox	PictureBox1	BorderStyle	Fixed3D
		Image	임의 선정
Button	Button1	(Name)	btn자동
		Text	자동
	Button2	(Name)	btn줌
		Text	줌
	Button3	(Name)	btn중앙
		Text	중앙
	Button4	(Name)	btn스트레치
		Style	스트레치
	Button5	(Name)	btn원래대로
		Text	원래대로

<그림 6-7>은 PictureBox1에 Image를 삽입하는 구체적인 방법을 보여 준다.

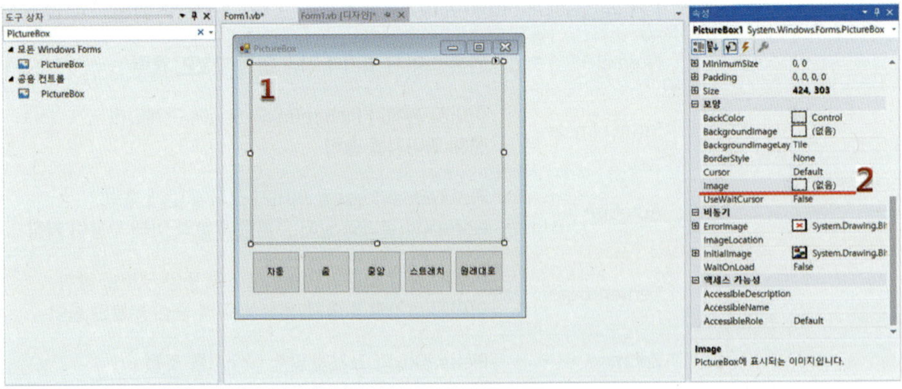

<그림 6-7> 픽처박스 컨트롤 선택하기

우선 <그림 6-7>에서 보는 것과 같이 PictureBox1을 선택한 후 속성 창 항목 중 “Image” 옆 버튼을 클릭한다. 그리고 <그림 6-8>과 같이 [리소스 선택] 대화 상자에서 [가져오기] 버튼을 클릭하여 원하는 사진을 선택하고 [열기] 버튼을 클릭하면, <그림 6-9>와 같이 PictureBox1에 선택한 이미지가 삽입된다.

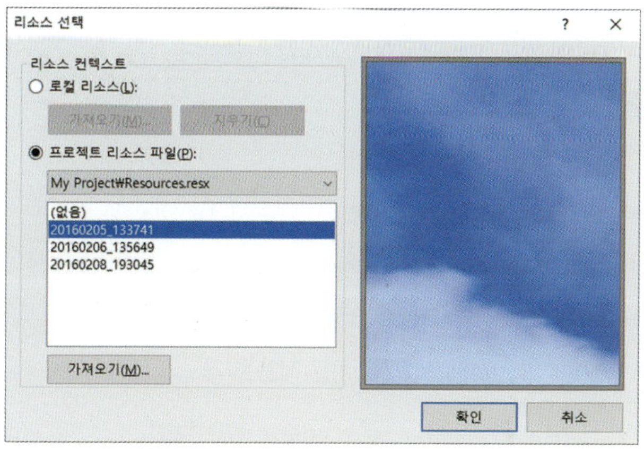

<그림 6-8> 리소스 선택하여 가져오기

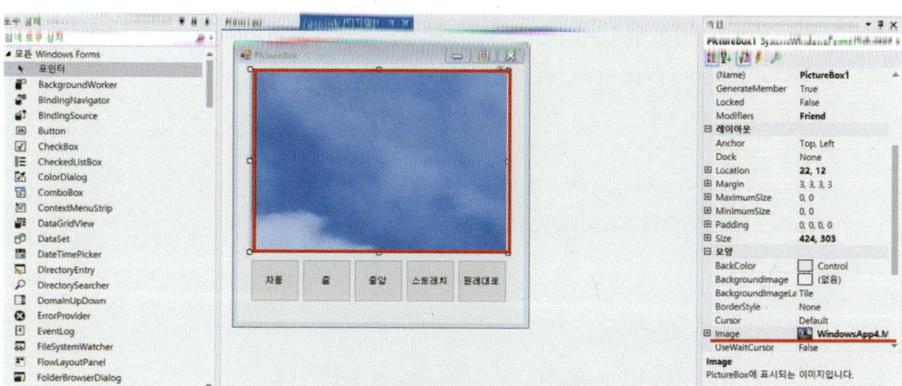

<그림 6-9> 선택된 이미지 가져오기

다음 소스 코드는 앞의 이미지 제어 폼에서 제공되는 명령 버튼들의 이름에 적합한 기능들을 구성한 것이다.

```
Public Class Form1

    Private Sub Button1_Click(ByVal sender As System.Object, ByVal e As
System.EventArgs) Handles btn자동.Click
        PictureBox1.SizeMode = PictureBoxSizeMode.AutoSize
        'PictureBox1에 있는 Image에 AutoSize을 적용한다.
    End Sub

    Private Sub btn줌_Click(ByVal sender As Object, ByVal e As
System.EventArgs) Handles btn줌.Click
        PictureBox1.SizeMode = PictureBoxSizeMode.Zoom
        'PictureBox1에 있는 Image에 Zoom을 적용한다.
    End Sub

    Private Sub btn스트레치_Click(ByVal sender As Object, ByVal e As
System.EventArgs) Handles btn스트레치.Click
        PictureBox1.SizeMode = PictureBoxSizeMode.StretchImage
        PictureBox1에 있는 Image에 StrretchImage을 적용한다.
    End Sub

    Private Sub btn중앙_Click(ByVal sender As Object, ByVal e As
System.EventArgs) Handles btn중앙.Click
        PictureBox1.SizeMode = PictureBoxSizeMode.CenterImage
        'PictureBox1에 있는 Image에 CenterImage을 적용한다.
    End Sub
```

```
    Private Sub btn원래대로_Click(ByVal sender As System.Object,
ByVal e As System.EventArgs) Handles btn원래대로.Click
        PictureBox1.SizeMode = PictureBoxSizeMode.Normal
        'PictureBox1에 있는 Image에 Normal을 적용한다.
    End Sub

End Class
```

프로그램의 실행 결과는 <그림 6-10>과 같다.

(a) 실행 결과 1 (AutoSize-자동)

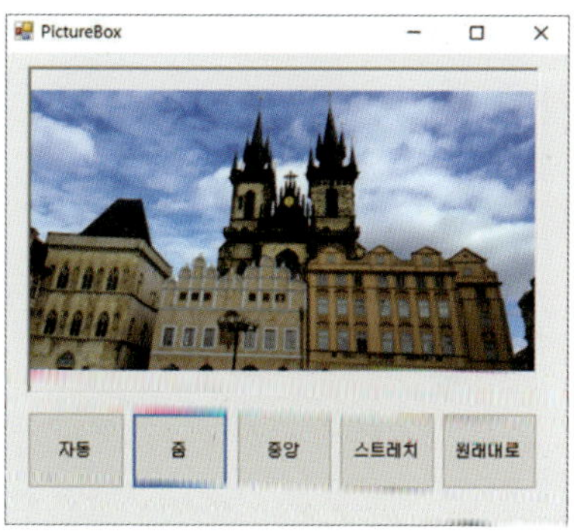

(b) 실행 결과 2 (Zoom-줌)

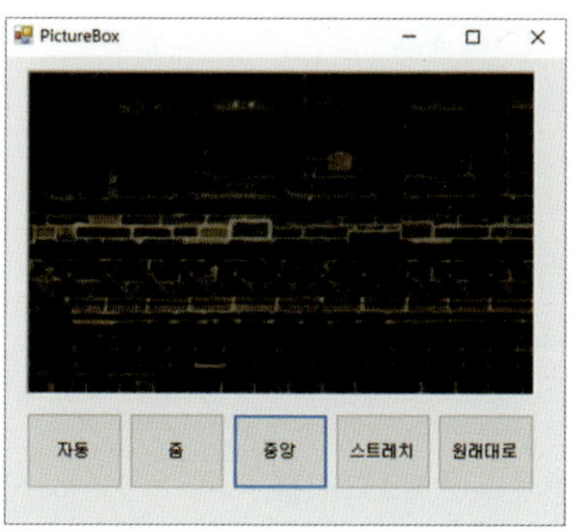

(c) 실행 결과 3 (CenterImage-중앙)

(d) 실행 결과 4 (StretchImage-스트레치)

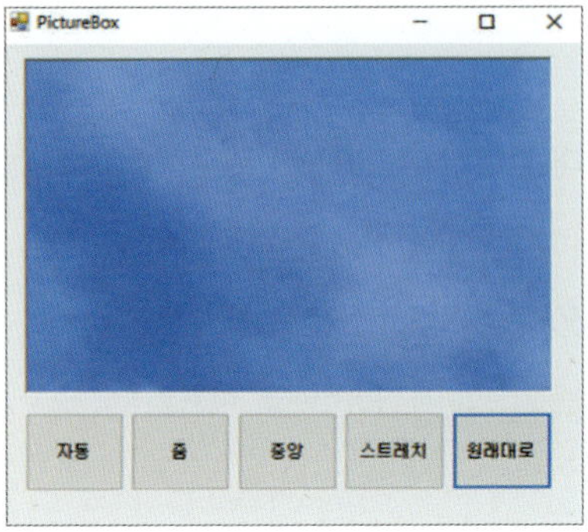

(e) 실행 결과 5 (Normal-원래대로)

<그림 6-10> 픽처박스 컨트롤을 이용한 프로그램의 다양한 실행 결과

이제 픽처박스 컨트롤의 Bitmap() 메소드를 이용하여 이미지를 나타내 본다. 사용할 폼은 <그림 6-11>과 같으며, 폼 위의 컨트롤들의 속성은 [표 6-7]과 같다.

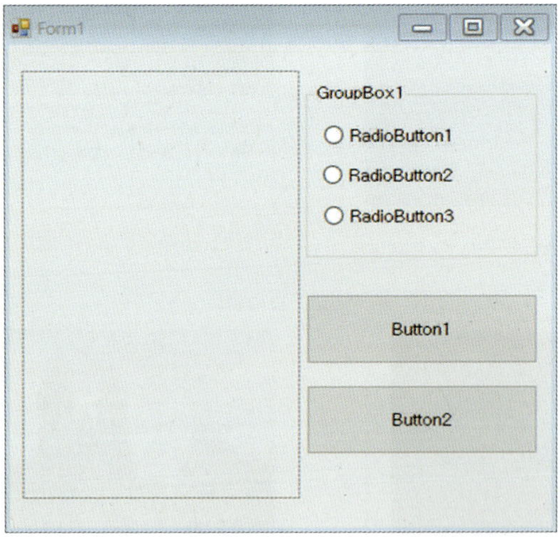

<그림 6-11> 픽처박스 사용의 다른 예 - Bitmap() 메소드 사용

[표 6-7] 픽처박스 사용의 다른 예를 위한 컨트롤들의 속성

컨트롤	이름	속성	속성 값
PictureBox	PictureBox1	SizeMode	StretchImage
GroupBox	GroupBox1	Text	그림 선택
RadioButton	RadioButton1	Text	1번 그림
	RadioButton2	Text	2번 그림
	RadioButton3	Text	3번 그림
Button	Button1	Text	그림 보기
	Button2	Text	그림 삭제

참고로 <그림 6-12>와 같이 이미지의 크기가 픽처박스의 크기에 맞춰지도록 SizeMode 속성을 'StretchImage'로 설정한다.

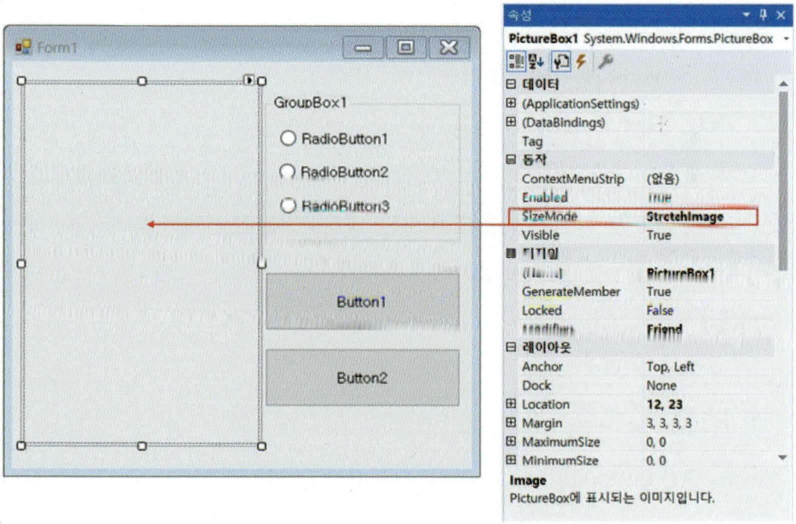

<그림 6-12> 그림의 크기를 픽처박스 크기에 맞추기

이러한 픽처박스 컨트롤의 Bitmap() 메소드를 이용해서 이미지를 선택하는 소스 코드는 다음과 같다.

```
Public Class Form1

    Private Sub Button1_Click(sender As System.Object, e As System.EventArgs)
     Handles Button1.Click
        If (RadioButton1.Checked = True) Then
            PictureBox1.Image =
            New Bitmap("C:\Users\Public\Pictures\Sample Pictures\Coal.jpg")
          '[그림 보기]를 클릭했을 때 '1번 그림' 라디오버튼이 선택된 상태라면 Coal.jpg
파일이 픽처박스 컨트롤에 나타난다.
        ElseIf (RadioButton2.Checked = True) Then
            PictureBox1.Image =
            New Bitmap("C:\Users\Public\Pictures\Sample Pictures\Port.jpg")
          '[그림 보기]를 클릭했을 때 '2번 그림' 라디오버튼이 선택된 상태라면 Port.jpg
파일이 픽처박스 컨트롤에 나타난다.
        ElseIf (RadioButton3.Checked = True) Then
            PictureBox1.Image =
             New Bitmap("C:\Users\Public\Pictures\Sample Pictures\Tul.jpg")
           '[그림 보기]를 클릭했을 때 '3번 그림' 라디오버튼이 선택된 상태라면 Tul.jpg
파일이 픽처박스 컨트롤에 나타난다.
        End If
    End Sub

     Private Sub Button2_Click(sender As System.Object, e As System.EventArgs)
Handles Button2.Click
        PictureBox1.Image = Nothing  '픽처박스 컨트롤에 나타난 그림을 삭제한다.
    End Sub

End Class
```

이 프로그램의 실행 결과는 <그림 6-13>과 같다.

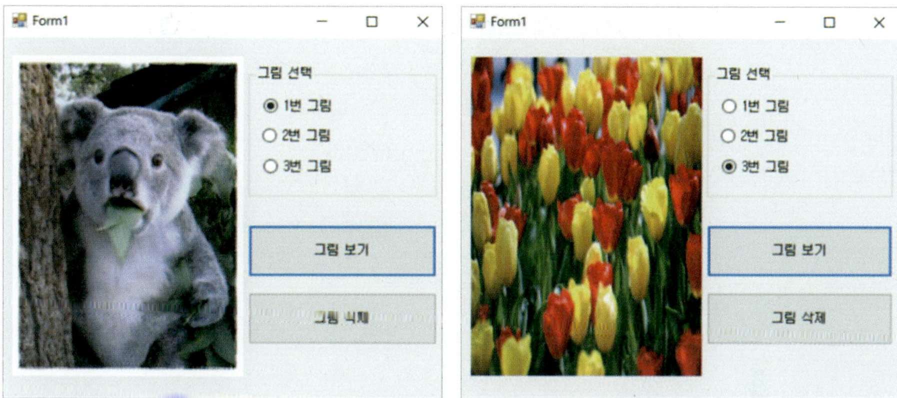

<그림 6-13> 픽처박스 사용의 다른 예 실행 결과

확인 학습 문제

1. HScrollBox를 이용한 RGB 색상 표를 표현하는 프로그램을 작성해 보자. 사용할 폼의 디자인과 속성은 다음과 같다.

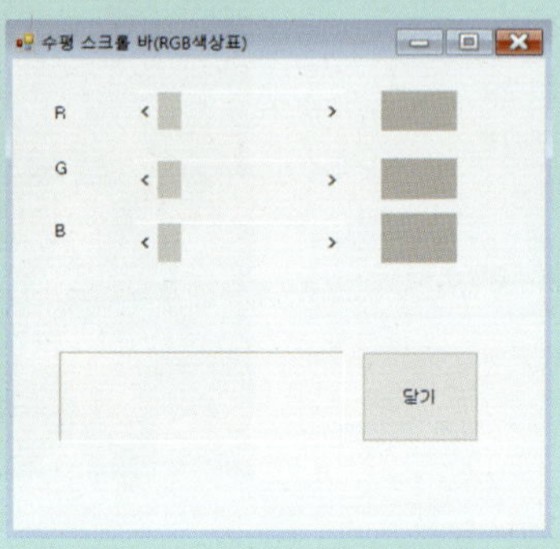

컨트롤	이름	속성	속성 값
Form	Form1	Text	수평 스크롤 바 (RGB 색상 표)
Label	Label1 Label2 Label3	Text	R
		Text	G
		Text	B
	Label4	AutoSize BorderSytle	False Fixed3D
	Label5 Label6 Label7	BackColor Text	임의 색상 지정 지움
HScroll Bar	HScroll Bar1	Maximum Minimum LargeChange	255 0 1
	HScroll Bar2	Maximum Minimum LargeChange	255 0 1
	HScroll Bar3	Maximum Minimum LargeChange	255 0 1
Button	Button1	(Name) Text	btn닫기 닫기

(참고) RGB 색 표현 방식은 빛의 3원색인 Red, Green, Blue 3가지 색의 혼합에 의해 다양한 색을 나타내는 방식으로 컬러 TV나 컴퓨터의 컬러 모니터, 또는 인쇄 매체가 아닌 빛을 이용한 표시 장치를 구현하는 데 채택하고 있다.

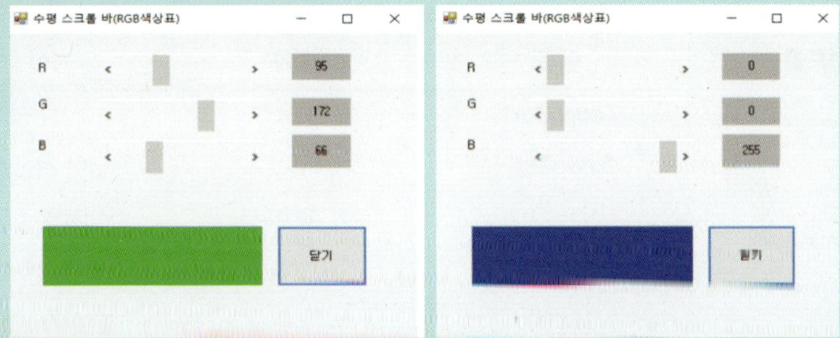

<실행 결과>

2. 급여 관리 프로그램을 만들어 보자. 이 프로그램은 사원의 신상 정보와 급여 계산 정보를 입력받아 급여를 계산한 후 출력한다.

<프로그램의 수행 조건>

(1) 사원의 신상 정보와 급여 계산 정보를 입력하고 [추가] 버튼을 클릭하면 리스트박스에 사번, 이름, 급여가 출력된다.

(2) 신상 정보에서 사원 코드는 01-04번까지 있으며 사원 번호는 4자리 숫자로 구성된다.

(3) 리스트박스에 출력되는 사번은 사원 코드 2자리와 사원 번호가 합해진 것이다.

(4) [삭제] 버튼을 클릭하면 선택한 항목이 삭제되고 [모두 삭제] 버튼을 클릭하면 리스트박스에 추가되었던 모든 항목이 삭제된다.

(5) 급여 계산식은 '기본급 + 경력 가산금 + 부양가족 수당' 이다.

(6) 기본급은 전 직원이 동일하게 600,000원이며 부양가족 수당은 1명당 20,000원이다.

(7) 경력 가산금은 아래 표와 같다.

경력	경력 가산금
0 - 10년	기본급 * 0.7
11 - 20년	기본급 * 0.8
21년 이상	기본급 * 0.9

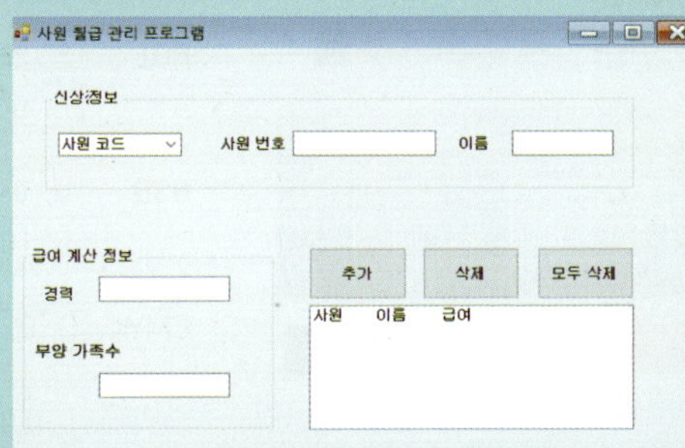

컨트롤	이름	속성	속성 값
GroupBox	GroupBox1	Text	신상 정보
	GroupBox2	Text	급여 계산 정보
ComboBox	ComboBox1	Text	사원 코드
		Items	01, 02, 03, 04
Label	Label1	Text	사원 번호
	Label2	Text	이름
	Label3	Text	경력
	Label4	Text	부양가족 수
TextBox	TextBox1	Text	txt사원 번호
	TextBox1	Text	txt이름
	TextBox3	Text	txt경력
	TextBox4	Text	txt가족
ListBox	ListBox1	Items	사번, 이름, 급여
Button	Button1	Text	추가
	Button2	Text	삭제
	Button3	Text	모두 삭제

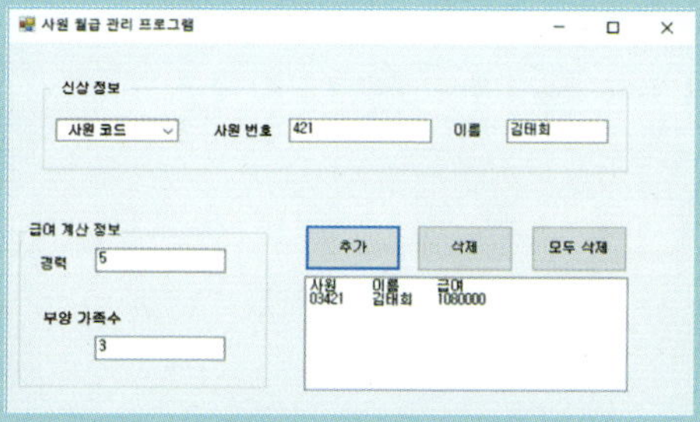

실행 결과 1 (1명 추가)

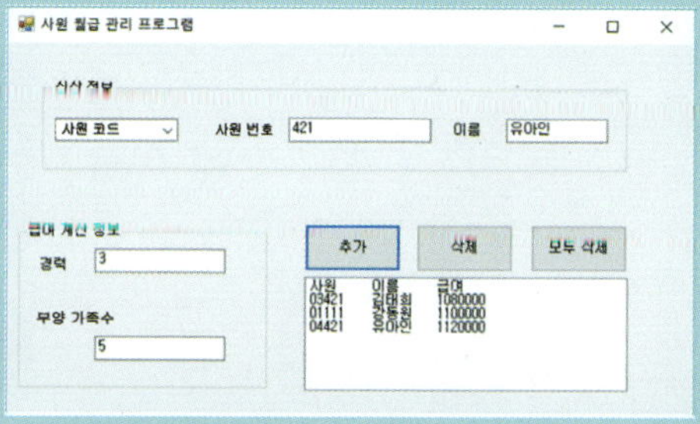

실행 결과 2 (3명 추가)

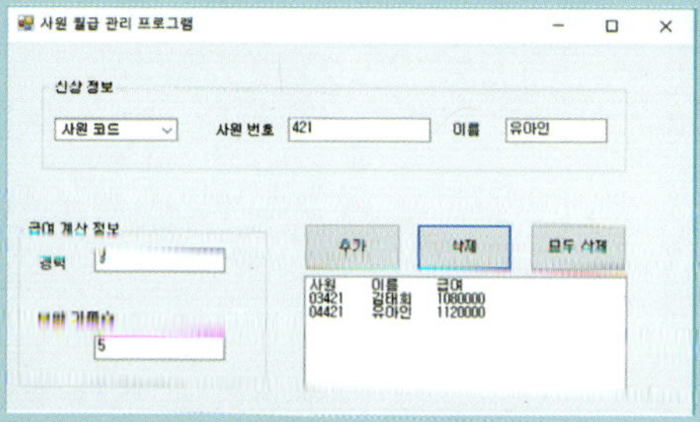

실행 결과 3 (1명 삭제)

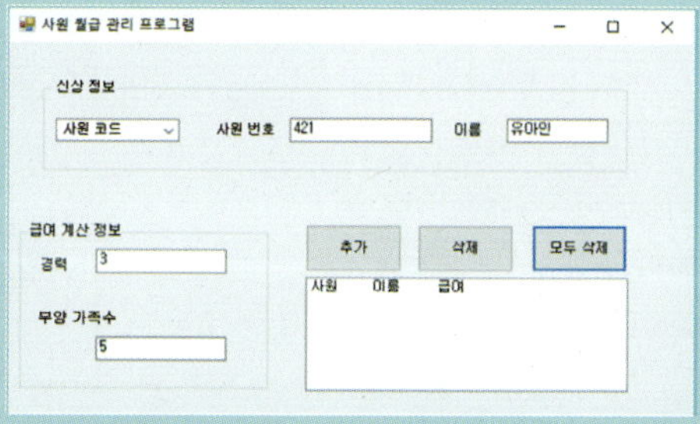

실행 결과 4 (모두 삭제)

7장

메모장 만들기로 익히는 리치텍스트박스와 메뉴스트립

이 장에서는 메모장을 만들어 봄으로써 리치텍스트박스(RichTextBox) 컨트롤과 메뉴 스트립(MenuStrip) 컨트롤을 어떻게 사용하는지 살펴본다. 리치텍스트박스 컨트롤을 이용해 글을 쓰는 메모장을 만들어 메모 내용을 다루고, 메뉴스트립 컨트롤을 이용해서 메뉴가 있는 프로그램으로 확장하여 입력한 글자를 수정하고 인쇄할 수 있도록 해 본다.

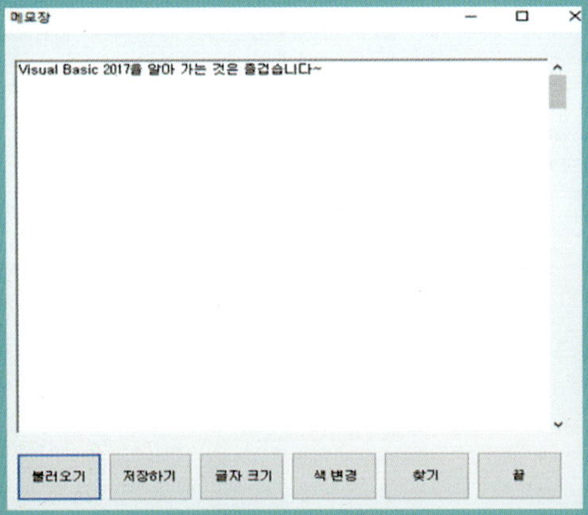

7.1 리치텍스트박스

리치텍스트박스(RichTextBox) 컨트롤을 사용하면 단순 텍스트뿐만 아니라 단락, 이미지, 표 등과 동영상 콘텐츠도 표시하거나 편집할 수 있다. 리치텍스트박스나 텍스트박스 모두 사용자가 텍스트를 편집할 수 있도록 돼 있지만 서식이 있는 텍스트, 이미지, 표 또는 기타 풍부한 동영상 콘텐츠를 편집해야 할 경우에는 리치텍스트박스가 더 적합하다. 예를 들어 기사 또는 블로그를 편집할 때는 리치덱스트박스를 사용하는 것이 훨씬 편리하다. 텍스트박스는 리치텍스트박스보다 적은 시스템 자원을 필요로 하므로 일반 텍스트만 편집해야 하는 경우(예: 폼에서 사용)에 더 적합한 컨트롤이다.

<그림 7-1>은 리치텍스트박스를 이용한 응용 프로그램 폼의 예이다.

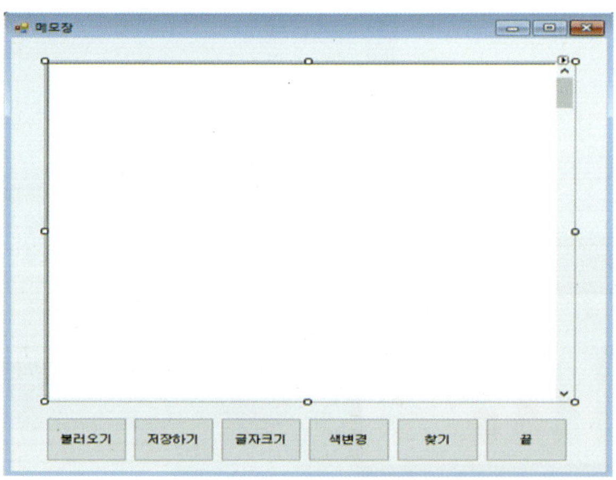

여기에 필요한 속성은 [표 7-1]과 같다.

[표 7-1] 리치텍스트박스 폼을 구성하기 위해 필요한 속성

컨트롤	이름	속성	속성 값
Form	Form1	Text	메모장
Button	btn열기	Text	불러오기
	btn저장	Text	저장하기
	btn크기	Text	글자크기
	btn색	Text	색변경
	btn종료	Text	찾기
	btn종료	Text	끝
RichTextBox	txt메모장	ScollBars	ForcedVertical

7.1.1 폼 작성하기

[도구 상자] 목록 중에 'RichTextBox'를 선택한 후에 크기를 적당히 조절하여 리치텍스트박스를 폼 위에 배치한다. 다음으로 [대화 상자] 목록의 'ColorDialog', 'FolderBrowserDialog', 'FontDialog', 'OpenFileDialog', 'SaveFileDialog'를 폼으로 드래그(Drag)해서 가져다 놓는다. 그리고 아래 <그림 7-2>에 나와 있는 명령어 버튼들의 속성들을 작성한다.

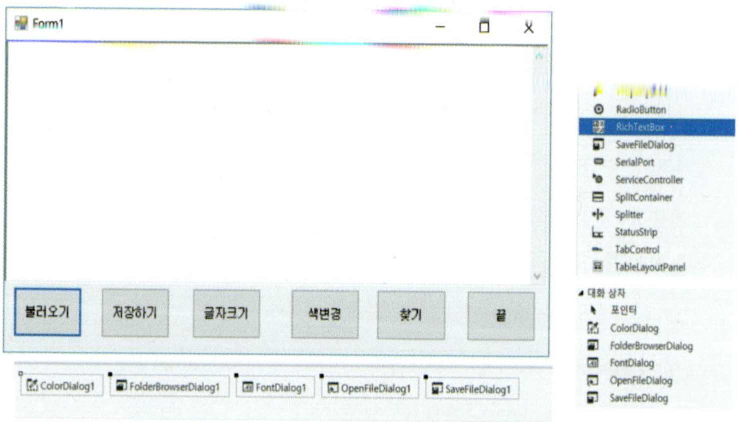

<그림 7-2> 리치텍스트박스 폼에 대화 상자 삽입하기

7.1.2 코드 작성하기

이제 5가지 명령 버튼들에 대한 이벤트 처리 프로그램을 각각 작성해 본다. 비주얼 베이직에서 대화 상자를 다루는 이벤트 처리 프로그램은 전형적으로 Try ~ Catch 구문을 사용한다.

다음은 불러오기 버튼에 대한 이벤트 처리 프로그램의 소스 코드이다.

```
Public Class Form1

  Private FileName As String
  Private PrintRecord As String

   Private Sub btn열기_Click(ByVal sender As System.Object, ByVal e As
System.EventArgs) Handles btn열기.Click
      OpenFileDialog1.Filter = "Text Document(*.txt)|*.txt|All Files(*.*)|*.*"
      OpenFileDialog1.FilterIndex = 1
      OpenFileDialog1.Title = "OpenFileDialog"
      If OpenFileDialog1.ShowDialog = Windows.Forms.DialogResult.OK Then
         Try
            FileName = OpenFileDialog1.FileName
            Dim filecount As String
            filecount = My.Computer.FileSystem.ReadAllText(FileName)
            txt메모장.Text = filecount
        Catch ex As Exception
            MessageBox.Show(ex.Message, My.Application.Info.Title,
MessageBoxButtons.OK, MessageBoxIcon.Error)
        End Try
```

```
    End If
  End Sub
```

다음은 저장하기 버튼에 대한 이벤트 처리 프로그램의 소스 코드이다.

```
  Private Sub btn저장_Click(ByVal sender As System.Object, ByVal e As
System.EventArgs) Handles btn저장.Click
    SaveFileDialog1.DefaultExt = "txt"
    SaveFileDialog1.FileName = FileName
    SaveFileDialog1.FilterIndex = 1
    SaveFileDialog1.OverwritePrompt = True
    SaveFileDialog1.Title = "SaveFileDialog"

    If SaveFileDialog1.ShowDialog = Windows.Forms.DialogResult.OK Then
      Try
        FileName = SaveFileDialog1.FileName
        My.Computer.FileSystem.WriteAllText(FileName, txt메모장.Text, False)
      Catch ex As Exception
        MessageBox.Show(ex.Message, My.Application.Info.Title,
MessageBoxButtons.OK, MessageBoxIcon.Error)
      End Try
    End If
  End Sub
```

다음은 색 변경 버튼에 대한 이벤트 처리 프로그램의 소스 코드이다.

```
Private Sub btn색_Click(ByVal sender As System.Object, ByVal e As
System.EventArgs) Handles btn색.Click

    If ColorDialog1.ShowDialog = Windows.Forms.DialogResult.OK Then
        Me.BackColor = ColorDialog1.Color
        'Me.ForeColor = ColorDialog1.Color
    End If

End Sub
```

다음은 글자 크기 버튼에 대한 이벤트 처리 프로그램의 소스 코드이다.

```
Private Sub btn크기_Click(ByVal sender As System.Object, ByVal e As
System.EventArgs) Handles btn크기.Click
    FontDialog1.ShowColor = True
    If FontDialog1.ShowDialog = Windows.Forms.DialogResult.OK Then
        txt메모장.Font = FontDialog1.Font
        txt메모장.ForeColor = FontDialog1.Color
    End If
End Sub
```

다음은 찾기 버튼에 대한 이벤트 처리 프로그램의 소스 코드이다.

```
Private Sub btn찾기_Click(ByVal sender As System.Object, ByVal e As
System.EventArgs) Handles btn찾기.Click
    FolderBrowserDialog1.Description = "FolderBrowseDialog"
    FolderBrowserDialog1.RootFolder = Environment.SpecialFolder.
```

```
MyComputer
        FolderBrowserDialog1.ShowNewFolderButton = False
        If FolderBrowserDialog1.ShowDialog = Windows.Forms.DialogResult.OK
Then
            txt메모장.Text = FolderBrowserDialog1.SelectedPath
        End If
    End Sub
```

다음은 종료 버튼에 대한 이벤트 처리 프로그램의 소스 코드이다.

```
    Private Sub btn종료_Click(ByVal sender As System.Object, ByVal e As
System.EventArgs) Handles btn종료.Click
        Me.Close()
    End Sub

End Class
```

7.1.3 [불러오기] 버튼 실행하기

각 버튼에 대한 코딩이 끝나면 불러오기 명령부터 실행시켜 본다. [불러오기] 버튼을 클릭하면 <그림 7-3>과 같이 윈도우즈 환경에서 공통으로 사용되는 파일 관리 대화 상자가 나타난다. 대화 상자의 상단에 'OpenFileDialog'와 같은 타이틀이 뜨는 이유는 [불러오기] 코드에서 [OpenFileDialog1.Title = "OpenFileDialog"]로 코딩해 놓았기 때문이다. 여기서 미리 생성해 놓은 텍스트 파일 'vb.txt'를 선택하고 [열기] 버튼을 클릭한다.

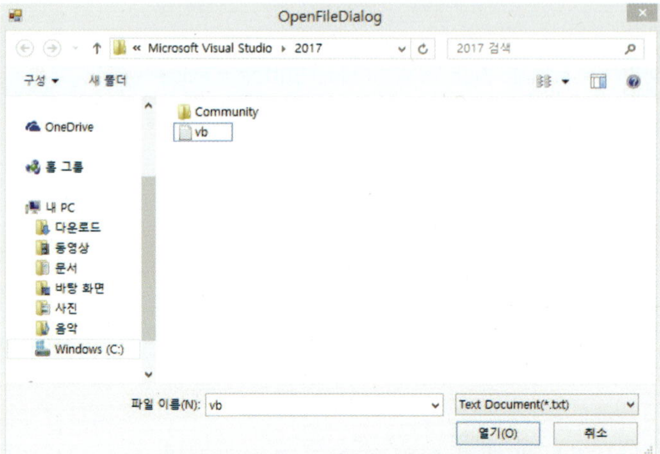

<그림 7-3> 불러오기 버튼 클릭 결과

그러면 <그림 7-4>와 같이 'vb.txt'의 내용이 나타나는데, 내용을 알아볼 수 없게 글자가 깨져서 보인다. 이것은 메모장에서 기본적으로 사용하는 포맷(Format)과 우리가 사용한 리치텍스트박스 컨트롤에서 사용하는 포맷이 서로 다르기 때문이다. 메모장에서는 기본적으로 'ANSI' 포맷으로 인코딩(Encoding)하는데 반해 리치텍스트박스에서는 'UTF-8' 포맷으로 인코딩한다. 따라서 포맷에 영향을 받는 한글 부분이 깨져서 나타난 것이다.

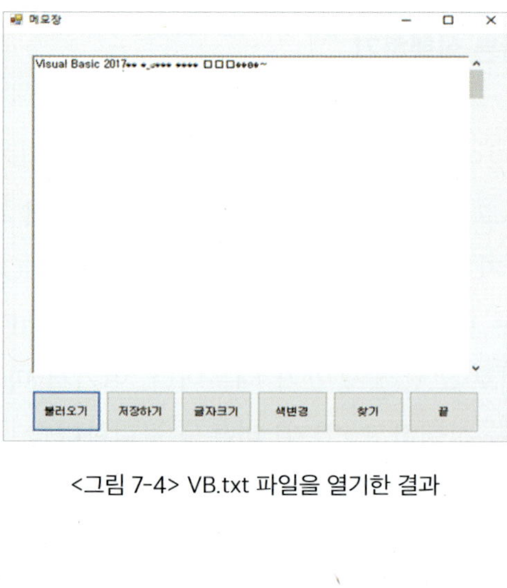

<그림 7-4> VB.txt 파일을 열기한 결과

이렇게 깨진 문자가 제대로 나오게 하기 위해서는 우선 인코딩 형식을 바꾸어야 한다. <그림 7-5>와 같이 '메모장'을 실행하여 'vb.txt' 파일을 연 다음 인코딩 형식을 'UTF-8'로 지정하여 [파일] - [다른 이름으로 저장]을 선택한 후 저장을 완료한다. 그리고 <그림 7-6>과 같이 다시 [불러오기] 버튼을 클릭하여 'vb.txt' 파일을 열어 보면 문자가 깨지지 않고 정상적으로 나타나는 것을 볼 수 있다.

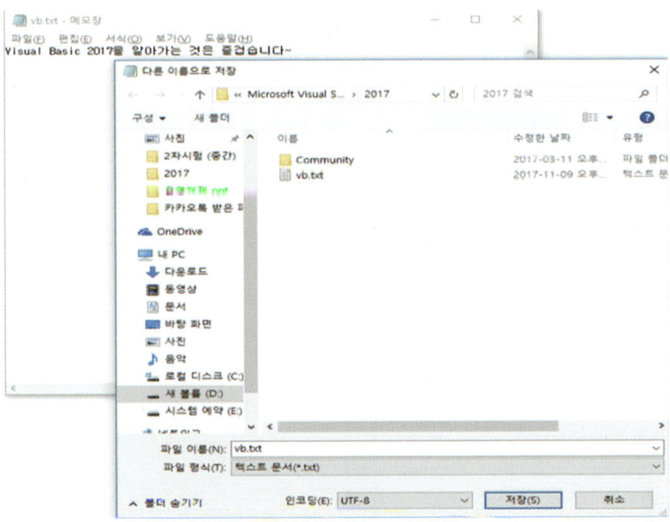

<그림 7-5> 텍스트 파일의 인코딩 형식을 'UTF-8'로 바꾸어 저장하기

<그림 7-6> 문자가 깨지지 않고 정상적으로 보이는 화면

7.1.4 [글자 크기] 버튼 실행하기

<그림 7-6>에서 [글자 크기] 버튼을 클릭하여 나타난 [글꼴] 대화 상자에서 현재 설정되어 있는 글꼴과 글꼴 스타일 크기를 다른 값으로 변경하고 [확인] 버튼을 클릭한다. 그러면 <그림 7-7>과 같이 글자의 크기와 글꼴이 바뀌게 된다.

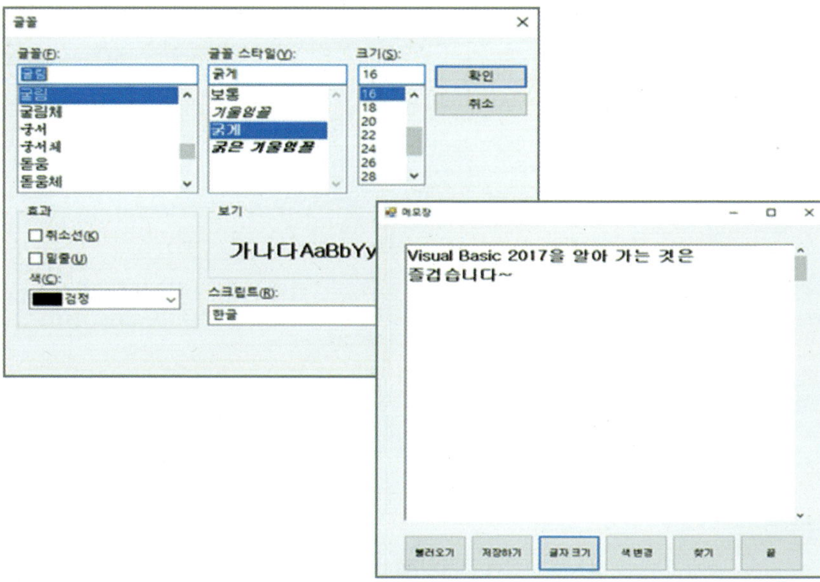

<그림 7-7> 글꼴 변경 결과

7.1.5 [색 변경] 버튼 실행하기

<그림 7-7>에서 [색 변경] 버튼을 클릭하면 <그림 7-8>과 같이 [색] 대화 상자가 나타난다. 이 창에서 임의의 색을 선택하고 [확인] 버튼을 클릭하면, 메모장의 배경 색이 바뀌는 것을 볼 수 있다. 이것은 [색 변경] 버튼의 이벤트 처리 프로그램 속에 'Me.BackColor = ColorDialog1.Color'를 코딩해 놓았기 때문이다.

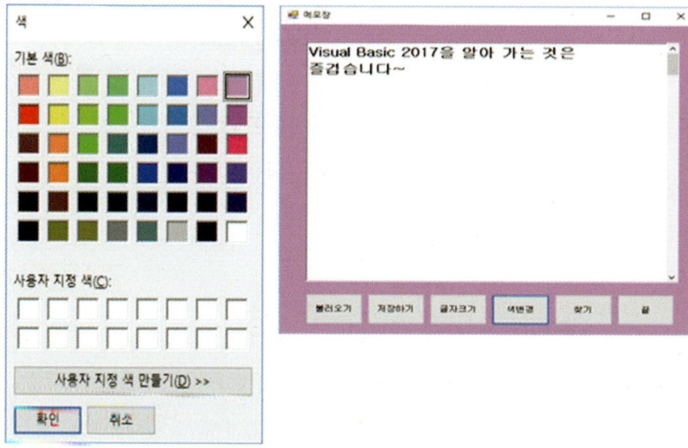

<그림 7-8> 색 대화 상자를 이용한 배경 색의 변경

7.1.5 [저장] 버튼 실행하기

<그림 7-8>에서 [저장하기] 버튼을 누르면 저장하기 대화 상자가 나타난다. <그림 7-9>와 같이 저장할 위치와 파일 이름을 입력하고 [저장] 버튼을 누른다. 그리고 다시 [불러오기] 버튼을 클릭하여 파일 열기 대화 상자를 열면 <그림 7-10>과 같이 그 목록 속에서 우리가 저장한 'vb2.txt' 파일을 확인할 수 있다.

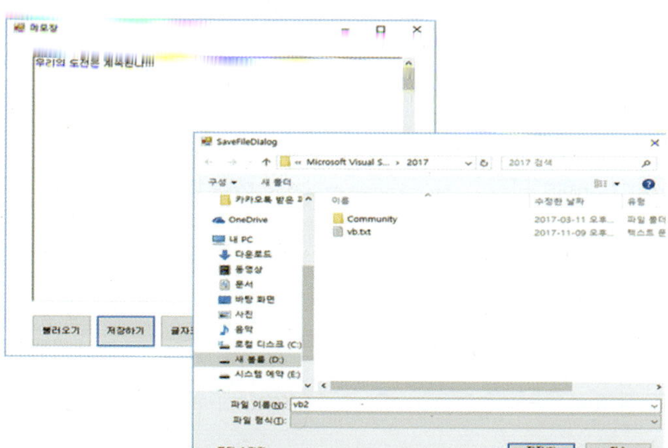

<그림 7-9> 저장하기 대화 상자를 이용한 파일 저장

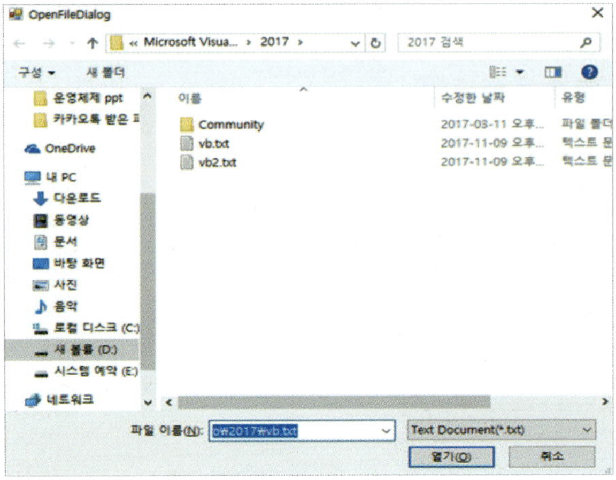

<그림 7-10> 불러오기 메뉴를 이용해서 저장된 파일 확인하기

7.1.6 [찾기] 버튼 실행하기

이제 [찾기] 버튼을 클릭하면 <그림 7-11>과 같이 폴더 찾아보기 대화 상자가 나타난다. 이는 다음의 소스 코드에 의해 나타난 것이다.

```
Private Sub btn찾기_Click(ByVal sender As System.Object, ByVal e As
System.EventArgs) Handles btn찾기.Click
  FolderBrowserDialog1.Description = "FolderBrowseDialog"
  FolderBrowserDialog1.RootFolder = Environment.SpecialFolder.
MyComputer
  FolderBrowserDialog1.ShowNewFolderButton = False

  If FolderBrowserDialog1.ShowDialog = Windows.Forms.DialogResult.OK
  Then
    txt메모장.Text = FolderBrowserDialog1.SelectedPath
  End If
End Sub
```

폴더 찾아보기 대화 상자에서 임의의 폴더를 선택하고 [확인]을 누르면 리치텍스트박스에 지정한 폴더의 경로가 나타난다.

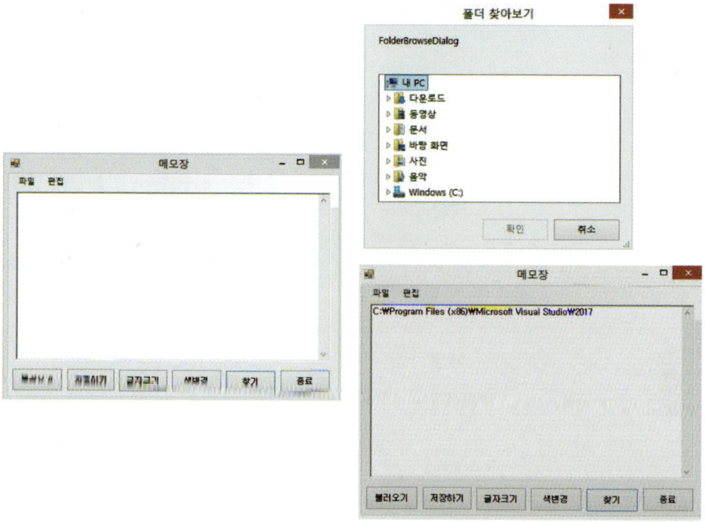

<그림 7-11> 폴더 찾아보기 대화 상자 다루기

7.2 메모장 프로그램 만들기

지금까지 배운 리치텍스트박스에 메뉴스트립 컨트롤을 추가하여 메모장 프로그램을 만들어 본다. 메모장 폼 디자인과 각 컨트롤의 속성 값은 다음 <그림 7-12>와 [표 7-2]와 같다.

<그림 7-12> 메모장 폼

[표 7-2] 메모장 폼 컨트롤들의 속성

컨트롤 이름	속성	속성 값
Form1	Text	메모장
MenuStrip1	Text	
	새로 만들기	새로 만들기(&N)
	열기	열기(&O)
	저장	저장(&S)
	다른 이름으로 저장	다른 이름으로 저장(&A)
	미리보기	미리보기(&V)
	인쇄	인쇄(&P)
	끝내기	끝내기(&X)
Rich TextBox1	Anchor	Up, Down, Left, Right
	ScollBars	ForcedVertical
OpenFileDialog/FoderBrowserDialog/ ColorDialog/FontDialog/SaveFileDialog/ PrintDialog/ PrintPreviewDialog		

7.2.1 메뉴스트립을 이용하여 메뉴 만들기

'새 프로젝트'에서 'Form1'이 만들어지면 Form1의 속성 창 목록에서 '(Name)' 속성은 'frm폼'으로 'Text' 속성은 '메모장'으로 변경한다. 그리고 다음 <그림 7-13>에서 처럼 도구 상자에서 메뉴스트립 컨트롤을 드래그해서 폼에 가져다 놓거나 더블 클릭하면 폼 하단에 'MenuStrip1'이 생성된다. 그리고 하단의 메뉴스트립 객체를 클릭하면 폼의 상단은 메뉴를 편집할 수 있는 상태가 된다. 먼저 <그림 7-14>와 같이 주 메뉴로 [파일]과 [편집]을 추가하고 각각의 주 메뉴에 해당 부 메뉴들을 추가한다.

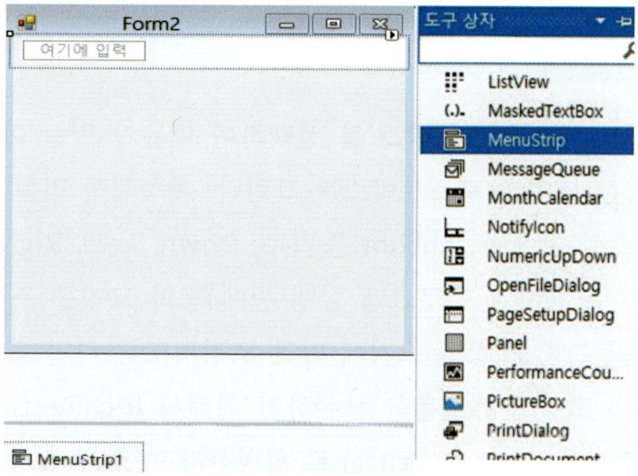

<그림 7-13> 메뉴스트립 컨트롤을 이용해서 메뉴 만들기

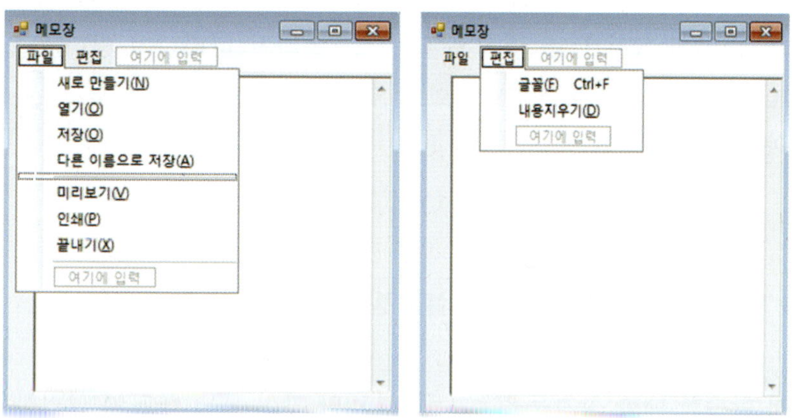

<그림 7-14> 메뉴 추가하기

메뉴스트립 컨트롤의 메뉴에서 보면 "글꼴(F)"과 "글꼴(F) Ctrl+F" 와 같이 나타나는 경우가 있다. 이는 편집하려는 메뉴를 선택하고, 먼저 속성 창에서 'Text' 속성을 "글꼴(&F)"로 하고, 'ShortcutKeys'를 클릭하여 속성 설정 화면이 나타나면 제어(Ctrl) 키를 체크(Check)하고, 아래의 박스에서 'F'를 설정하면 된다. ShortcutKey 키는 사용자의 편의를 위하여 메뉴를 대신하여 사용할 수 있도록 제공되는 단축 키로써 메뉴가 보이지 않는 상태에서도 그 메뉴를 선택한 것과 같은 결과를 낳는다.

7.2.2 리치텍스트박스의 배치 및 속성 설정

[도구 상자]에서 '리치텍스트박스'를 선택하여 메뉴가 있는 아랫 부분부터 시작해서 적당한 크기의 텍스트박스를 그린다. 계속해서 리치텍스트박스를 선택한 후에 속성 창에서 'Anchor'를 'Up, Down, Left, Right'로 모두 선택한다. 이것은 사용자가 프로그램 실행 중에 창의 크기를 조정할 때에 리치텍스트박스의 크기도 창의 크기에 따라 조정되도록 하기 위해서이다. 그리고 세로 막대 모양의 스크롤을 사용하기 위해서 RichTextBox 컨트롤의 'Scrollbars' 속성을 'ForcedVertical'로 설정한다. 이렇게 설정해 놓으면 텍스트의 길이가 짧을 때는 희미한 막대로 비활성화 상태로 돼 있다가 텍스트의 길이가 리치텍스트박스의 세로 길이보다 길어지면 수직 스크롤바가 활성화된다. 반면에 'Vertical'은 처음에는 스크롤바가 나타나지 않다가 입력한 텍스트의 길이가 리치텍스트박스의 세로 길이보다 길어지면 수직 스크롤바가 활성화된다.

7.2.3 '대화 상자'와 '인쇄' Dialog 설정 방법

앞에서 학습한 대화 상자들을 <그림 7-15>와 같이 폼의 하단에 삽입하고 '인쇄'와 관련된 'PrintDialog'와 'PrintPreViewDialog' 또한 드래그해서 배치시킨다.

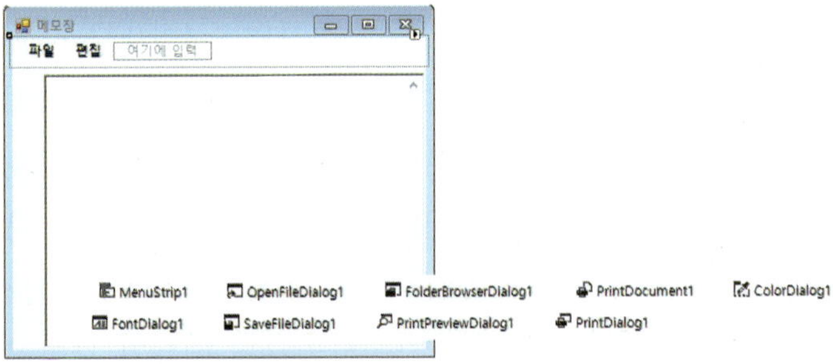

<그림 7-15> Dialog 배치

7.2.4 메모장 소스 코드 작성하기

리치텍스트박스에서 마우스 오른쪽 버튼을 클릭하면 빠른 메뉴가 나타난다. 메뉴 중 'Code View'를 클릭한다. 다음은 '새로 만들기' 버튼에 대한 이벤트 처리 프로그램의 소스 코드이다.

```
Public Class Form1
    Dim CHfile As Boolean = False   '파일 변경 여부를 논리형으로 CHfile 변수 지정
    Private fname As String   ' 문자형 변수 지정(fname)
    Private pname As String     ' 문자형 변수 지정(pname)

    Private Sub 리치텍스트박스1_TextChanged(ByVal sender As System.Object,
ByVal e As System.EventArgs) Handles 리치텍스트박스1.TextChanged
        CHfile = True
    End Sub

    Private Sub 새로만들기ToolStripMenuItem_Click(ByVal sender As Object, ByVal
e As System.EventArgs) Handles 새로만들기ToolStripMenuItem.Click
        Dim ans As Integer
        If CHfile = True Then
            ans = MsgBox("작업 중인 작업이 있습니다. 저장하시겠습니까?",
MsgBoxStyle.YesNo, "새로만들기")
            If ans = MsgBoxResult.Yes Then
                MessageBox.Show("[파일] 메뉴에서 [저장] 버튼을 누르세요.")
                Exit Sub
            ElseIf ans = MsgBoxResult.No Then
                fname = ""
                리치텍스트박스1.Text = ""
```

```
            CHfile = False
        End If
    Else
        fname = ""
        리치텍스트박스1.Text = ""
        CHfile = False
    End If
End Sub
```

다음은 '열기' 버튼에 클릭 이벤트가 발생했을 때 수행되는 소스 코드이다.

```
Private Sub 열기OToolStripMenuItem_Click(ByVal sender As Object, ByVal e As
System.EventArgs) Handles 열기OToolStripMenuItem.Click
    OpenFileDialog1.Filter = "텍스트파일(txt, rtf)|*.txt;*.rtf|모든파일(All)|*.*"
    OpenFileDialog1.FilterIndex = 1
    OpenFileDialog1.Title = "파일열기"
    If OpenFileDialog1.ShowDialog = form1.DialogResult.OK Then

        Try
            fname = OpenFileDialog1.FileName
            Dim filecon As String
            filecon = My.Computer.FileSystem.ReadAllText(fname)
            RichTextBox1.Text = filecon
        Catch ex As Exception
            MessageBox.Show(ex.Message, My.Application.
Info.Title, MessageBoxButtons.OK, MessageBoxIcon.Error)
        End Try
```

```
        End If
    End Sub
```

다음은 '저장' 버튼에 대한 이벤트 처리 프로그램의 소스 코드이다.

```
    Private Sub 저장OToolStripMenuItem_Click(ByVal sender As Object, ByVal e As
System.EventArgs) Handles 저장OToolStripMenuItem.Click
        If Trim(fname) = "" Then
            SaveFileDialog1.DefaultExt = "txt"
            SaveFileDialog1.FileName = fname
            SaveFileDialog1.Filter = "텍스트 파일(txt, rtf)|*.txt;*.rtf|모든 파일(All)|*.*"
            SaveFileDialog1.FilterIndex = 1
            SaveFileDialog1.OverwritePrompt = True
            SaveFileDialog1.Title = "파일 저장하기"

            If SaveFileDialog1.ShowDialog = Windows.Forms.DialogResult.OK Then
                Try
                    fname = SaveFileDialog1.FileName
                    My.Computer.FileSystem.WriteAllText(fname, 리치텍스트박스1.Text,
False)
                Catch ex As Exception
                    MessageBox.Show(ex.Message, My.Application.Info.Title,
MessageBoxButtons.OK, MessageBoxIcon.Error)
                End Try
            End If
        Else
            Try
```

```
            fname = SaveFileDialog1.FileName
            My.Computer.FileSystem.WriteAllText(fname, 리치텍스트박스1.Text,
False)
        Catch ex As Exception
            MessageBox.Show(ex.Message, My.Application.Info.Title,
MessageBoxButtons.OK, MessageBoxIcon.Error)
        End Try
    End If
End Sub
```

다음은 '다른 이름으로 저장' 버튼에 대한 이벤트 처리 프로그램의 소스 코드이다.

```
Private Sub 다른이름으로저장SToolStripMenuItem_Click(ByVal sender As Object,
ByVal e As System.EventArgs) Handles 다른이름으로저장SToolStripMenuItem.Click
    SaveFileDialog1.DefaultExt = "txt"
    SaveFileDialog1.FileName = fname
    SaveFileDialog1.Filter = "텍스트파일(txt, rtf)|*.txt;*.rtf|모든 파일(All)|*.*"
    SaveFileDialog1.FilterIndex = 1
    SaveFileDialog1.OverwritePrompt = True
    SaveFileDialog1.Title = "파일 저장하기"

    If SaveFileDialog1.ShowDialog = Windows.Forms.DialogResult.OK Then
        Try
            fname = SaveFileDialog1.FileName
            My.Computer.FileSystem.WriteAllText(fname, 리치텍스트박스1.Text,
False)
```

```
            Catch ex As Exception
                MessageBox.Show(ex.Message, My.Application.Info.Title,
MessageBoxButtons.OK, MessageBoxIcon.Error)

            End Try
        End If
    End Sub
```

다음은 '글꼴' 버튼에 대한 이벤트 처리 프로그램의 소스 코드이다.

```
    Private Sub 글꼴FToolStripMenuItem_Click(ByVal sender As Object, ByVal e As
System.EventArgs) Handles 글꼴FToolStripMenuItem.Click
        FontDialog1.ShowColor = True
        If FontDialog1.ShowDialog = Windows.Forms.DialogResult.OK Then
            리치텍스트박스1.Font = FontDialog1.Font
            리치텍스트박스1.ForeColor = FontDialog1.Color
        End If
    End Sub
```

다음은 '미리보기' 버튼에 대한 이벤트 처리 프로그램의 소스 코드이다.

```
    Private Sub 미리보기UToolStripMenuItem_Click(sender As Object, e As
System.EventArgs) Handles 미리보기UToolStripMenuItem.Click
        If 리치텍스트박스1.Text = "" Then
            MessageBox.Show("미리보기할 내용이 없습니다.!!!")
        Else
            PrintPreviewDialog1.ShowDialog()
```

```
        End If
    End Sub
```

다음은 '인쇄' 버튼에 대한 이벤트 처리 프로그램의 소스 코드이다.

```
    Private Sub 인쇄PToolStripMenuItem_Click(sender As Object, e As
System.EventArgs) Handles 인쇄PToolStripMenuItem.Click
        If 리치텍스트박스1.Text = "" Then
            MessageBox.Show("인쇄할 내용이 없습니다!!!!")
        Else
            PrintDocument1.Print()
        End If
    End Sub
```

다음은 '내용 지우기' 버튼에 대한 이벤트 처리 소스 코드이다.

```
    Private Sub 내용 지우기ToolStripMenuItem_Click(sender As Object, e As
System.EventArgs) Handles 내용 지우기ToolStripMenuItem.Click
        리치텍스트박스1.Text = ""
        리치텍스트박스1.Focus()
    End Sub
```

다음은 '종료' 버튼에 대한 이벤트 처리 소스 코드이다.

```
    Private Sub 끝내기XToolStripMenuItem_Click(sender As Object, e As System.
EventArgs) Handles 끝내기XToolStripMenuItem.Click
        End
```

```
    End Sub

End Class
```

코드 작성이 끝나고 나면 '디버깅 시작' 버튼을 클릭하여 프로그램이 잘 작동하는지 검사하고(Test) 수정하는 과정을 거친다. 오류 없이 메모장이 실행되면, 리치텍스트박스에 <그림 7-16>과 같이 내용을 입력해 본다.

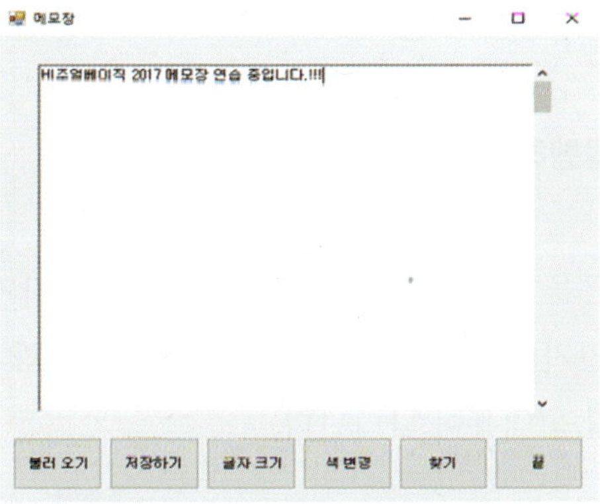

<그림 7-16> 메모장에 내용 입력

7.2.5 [새로 만들기] 버튼 실행하기

<그림 7-16> 상태에서 [파일] - [새로 만들기]를 클릭하여 새 문서를 만들어 본다. 현재 리치텍스트박스 안에는 이미 내용이 있기 때문에 <그림 7-17>의 왼쪽과 같은 메시지가 나타난다. 이 메시지박스에서 [예] 버튼을 클릭하면 <그림 7-17>의 오른쪽과 같이 [파일] 메뉴에서 [저장] 버튼을 누르라는 메시지박스가 뜬다. 확인 버튼을 누르고 [파일] - [저장]을 선택하여 원하는 위치에 저장하면 된다.

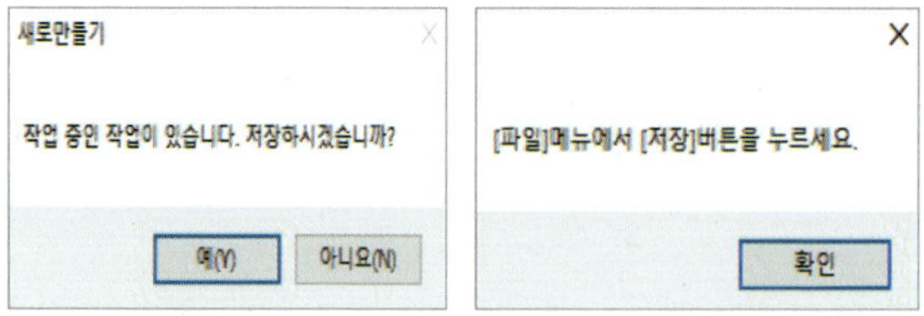

<그림 7-17> 작업 중인 내용이 있는 상태에서 '새로 만들기'를 실행한 경우

만약, <그림 7-17>의 왼쪽에서 [아니요] 버튼을 클릭하면 리치텍스트박스에 입력했던 텍스트가 없어지고 새로운 텍스트를 입력하기 위한 대기 상태가 된다.

7.2.6 [열기] 버튼 실행하기

[파일] - [열기] 버튼을 클릭하면 "파일 열기" 대화 상자가 나타나고, 여기서 파일을 선택하고 [열기] 버튼을 클릭하면 <그림 7-18>과 같이 리치텍스트박스 안에 선택한 파일의 내용이 나타난다.

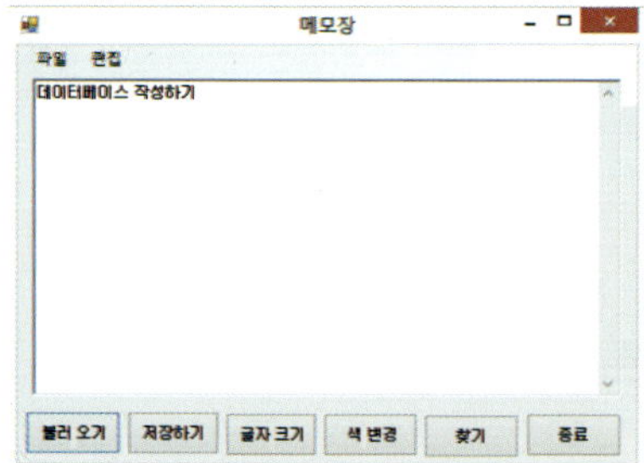

<그림 7-18> [열기]로 파일을 불러온 결과

7.2.7 [저장] 버튼 실행하기

[파일] - [저장]을 클릭해서 저장하기 대화 상자가 나타나면 [파일 이름]을 입력하고 [저장] 버튼을 클릭한다.

7.2.8 [다른 이름으로 저장] 버튼 실행하기

[열기] 버튼을 눌러 불러온 텍스트를 수정한 후 다른 이름으로 저장할 경우, [파일] - [다른 이름으로 저장] 버튼을 클릭하여 새로운 파일명을 입력하고 [저장] 버튼을 클릭한다.

7.2.9 [글꼴] 버튼 실행하기

[열기] 버튼을 이용해서 이미 작성된 텍스트 파일을 불러오거나 텍스트를 새로 입력한 후 [편집] - [글꼴] 버튼을 클릭한다. <그림 7-19>와 같이 나타난 [글꼴] 대화 상자에서 글꼴과 크기를 선택하고 [확인]을 클릭하면 메모장의 글꼴을 변경할 수 있다.

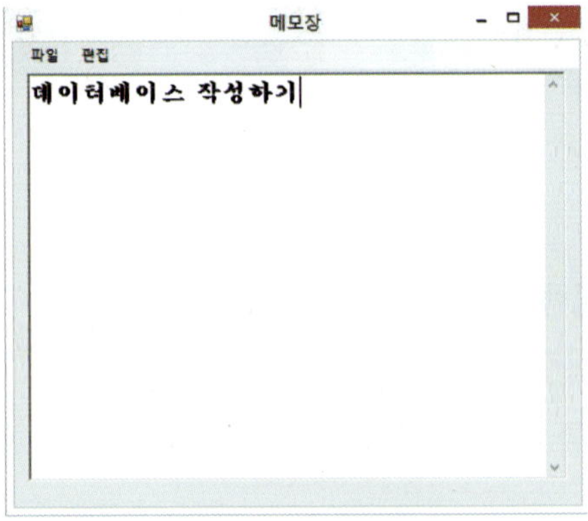

<그림 7-19> [글꼴] 메뉴로 글꼴 수정

7.2.10 [내용 지우기] 버튼 실행하기

[편집] - [내용 지우기] 버튼을 클릭하면 리치텍스트박스에 있는 텍스트가 지워진다.

7.2.11 [미리보기] 버튼 실행하기

리치텍스트박스에 텍스트를 입력한 후 인쇄하기 전에 미리보기를 하기 위해서 [파일] - [미리보기] 버튼을 클릭한다.(<그림 7-20> 참고)

<그림 7-20> [미리보기]를 클릭한 경우

7.2.12 [인쇄] 버튼 실행하기

[파일] - [인쇄] 메뉴를 클릭하면 현재 편집 중인 내용이 프린터로 출력된다.

7.2.13 [끝내기] 버튼 실행하기

모든 작업이 끝난 후 [파일] - [끝내기] 버튼을 클릭하면 '메모장' 프로그램이 종료된다.

확인 학습 문제

1. 다음과 같이 [변환하기] 버튼을 누를 때마다 입력한 텍스트의 글꼴이 임의로 변경되는 프로그램을 작성해 보자.

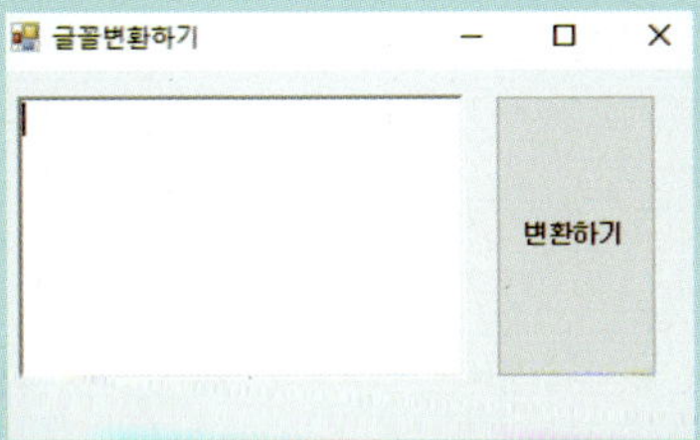

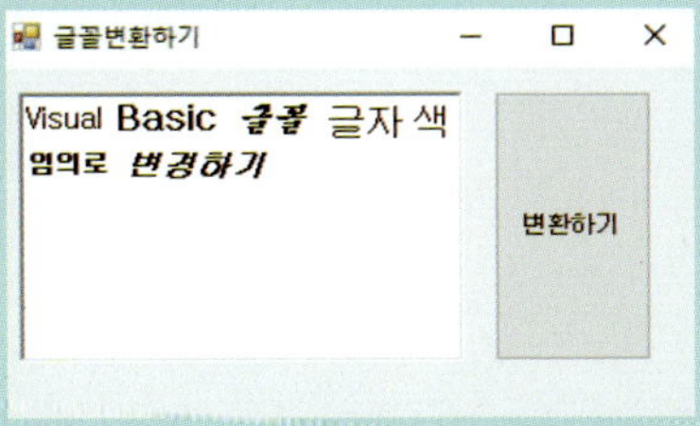

2. 1번과 같이 글꼴만 변경되는 것이 아니라 글자의 색상도 임의로 변경될 수 있도록 프로그램을 수정해 보자.

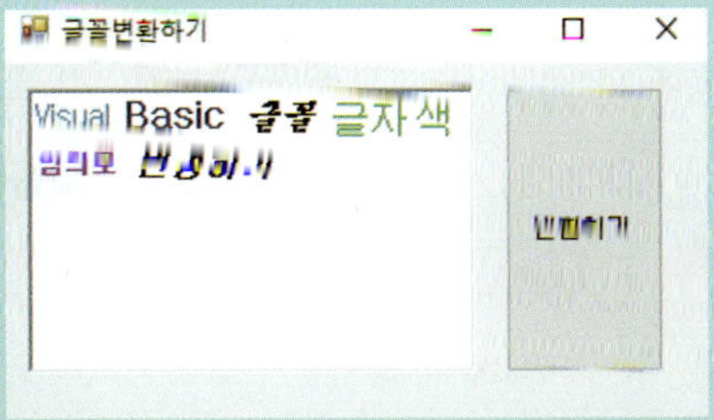

8장

고급 컨트롤들 다루기

지금까지 배운 기본 컨트롤들 외에도 고급 기능이 있어 응용 프로그램 개발에 자주 사용되는 컨트롤들이 여러 가지 있다. 이 장에서는 이들 중에서 중요한 고급 컨트롤인 리스트뷰, 트리뷰, 탭, 데이트타임픽커 컨트롤의 용도 및 사용 방법에 대해 살펴본다.

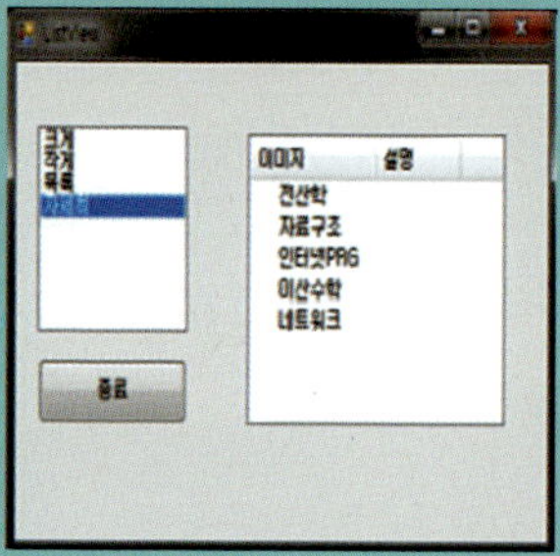

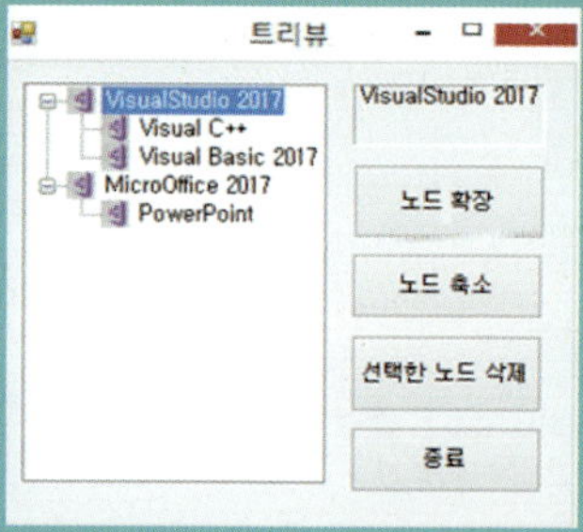

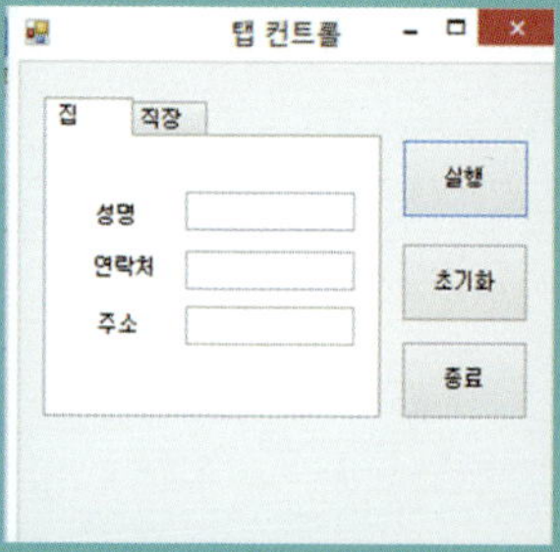

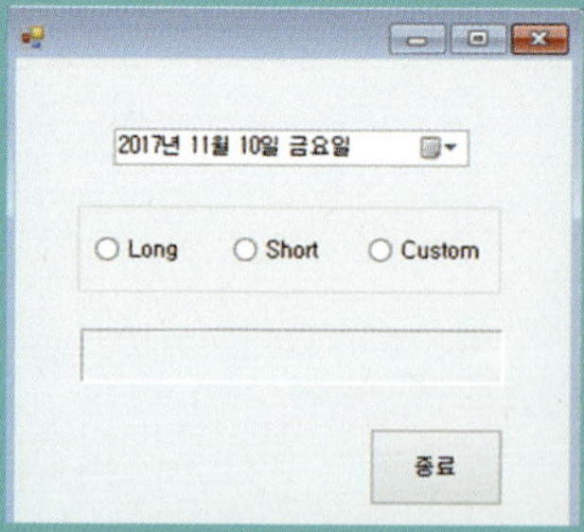

8.1 리스트뷰

리스트뷰(ListView) 컨트롤은 아이콘이 포함된 항목들의 목록을 나열하기 위해 사용하는 컨트롤이다. 리스트뷰 컨트롤을 사용하면 윈도우 탐색기의 오른쪽 창과 같은 사용자 인터페이스를 만들 수 있다.

리스트뷰 컨트롤에는 LargeIcon, SmallIcon, List, Detail, Tile의 보기 모드가 지원되며, 보기 모드는 View 속성 값으로 결정된다. 각 속성은 [표 8-1]과 같다.

[표 8-1] 리스트뷰 컨트롤의 Veiw 속성

속성	설명
LargeIcon	각 항목을 전체 화면 크기의 아이콘으로 표시
SmallIcon	각 항목을 작은 아이콘으로 표시
List	각 항목을 작은 아이콘으로 표시하며, 열 머리글이 없는 상태로 항목을 열에 표시
Detail	각 항목을 별도의 줄에 표시하고, 해당 항목에 대한 추가 정보를 열에 표시
Tile	각 항목을 전체 크기의 아이콘으로 표시하고, 그 오른쪽에 항목 레이블과 해당 항목 정보 표시

리스트뷰 컨트롤의 View 속성을 Detail로 설정하여 열을 추가하고, 텍스트박스에 입력된 이름과 나이, 지역이 리스트뷰에 출력되도록 프로그램을 만들어 본다. 폼 디자인과 컨트롤들의 속성은 <그림 8-1> 및 [표 8-2]와 같다.

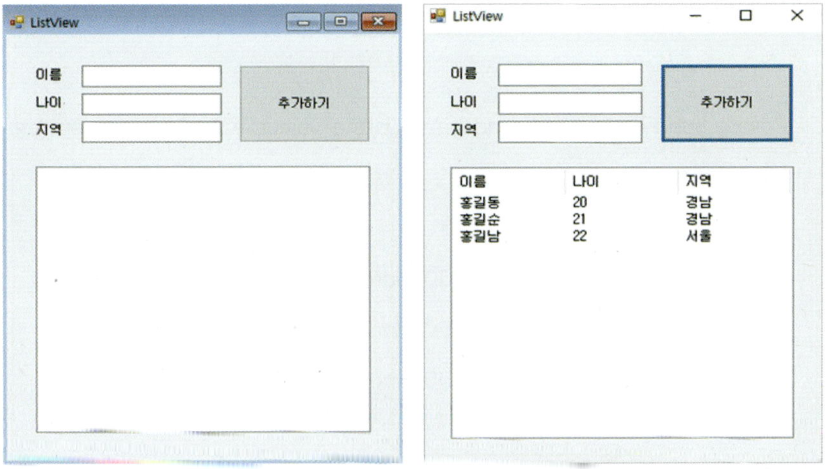

<그림 8-1> 리스트뷰를 이용한 폼과 실행 결과

[표 8-2] 리스트뷰 폼에 있는 컨트롤들의 속성

컨트롤	이름	속성	속성 값
Label	Label1	Text	이름
	Label2	Text	나이
	Label3	Text	지역
TextBox	TextBox1, 2, 3	Text	
ListView	ListView1	Veiw	Detail
Button	Button1	Text	추가하기
Form	Form1	Text	Listview

리스트뷰에서 열 3개를 추가하고, 텍스트박스에서 입력받은 값들을 리스트뷰로 출력하는 소스 코드는 다음과 같다.

```
Public Class Form1

    Private Sub Form4_Load(sender As System.Object, e As System.EventArgs)
Handles MyBase.Load

        ListView1.Columns.Add("이름", 100, HorizontalAlignment.Left)
        ListView1.Columns.Add("나이", 100, HorizontalAlignment.Left)
        ListView1.Columns.Add("지역", 100, HorizontalAlignment.Left)
    End Sub

    Private Sub Button1_Click(sender As System.Object, e As System.EventArgs)
Handles Button1.Click

        Dim item As New ListViewItem(TextBox1.Text)
        item.SubItems.Add(TextBox2.Text)
        item.SubItems.Add(TextBox3.Text)

        ListView1.Items.Add(item)

        TextBox1.Clear()
        TextBox2.Clear()
        TextBox3.Clear()
    End Sub

End Class
```

이번에는 <그림 8-2> 및 [표 8-3]과 같이 리스트뷰의 SmallImageList 속성을 사용하여 사용자가 리스트박스에서 '크게', '작게', '목록', '자세히' 4가지 유형들 중에서 하나를 선택하면, 리스트박스의 인덱스 값이 0, 1, 2, 3 중 한 가지로 결정되어 출력되는 프로그램에 대해 살펴본다. 리스트뷰에서는 아이콘과 텍스트를 함께 볼 수 있으며 각 열에 대한 제목으로 열 머리글을 설정할 수 있다. 리스트뷰는 Items 컬렉션을 제공한다.

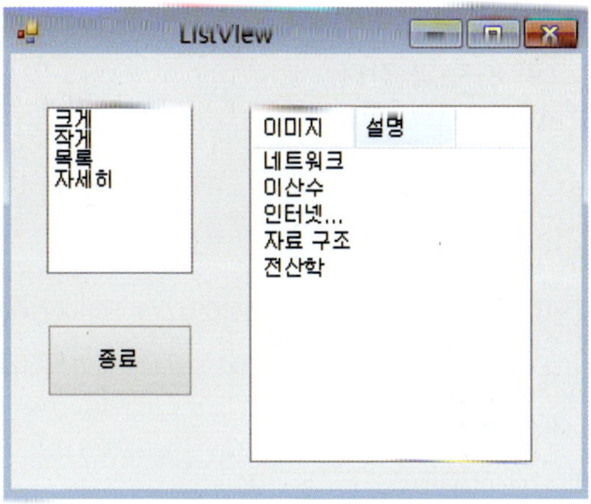

<그림 8-2> 리스트뷰를 이용한 폼

[표 8-3] 리스트뷰 폼에 있는 컨트롤들의 속성

컨트롤	이름	속성	속성 값
ListBox	ListBox1	SelectionMode	One
		Items	크게, 작게, 목록, 자세히
ListView	ListView1	SmallImageList	ImageList1
Button	Button1	Text	종료
Form	Form1	Text	리스트뷰

소스 코드는 다음과 같으며, 이미 결정된 인덱스 값에 따라 다르게 작동한다. 실행 결과는 <그림 8-3>과 같다.

```
Public Class Form1

    Private Sub ListBox1_SelectedIndexChanged(ByVal sender As System.Object,
ByVal e As System.EventArgs) Handles ListBox1.SelectedIndexChanged
        If ListBox1.SelectedIndex = 0 Then
            ListView1.LargeImageList = ImageList1
            ListView1.View = View.LargeIcon
        ElseIf ListBox1.SelectedIndex = 1 Then
            ListView1.SmallImageList = ImageList1
            ListView1.View = View.SmallIcon
        ElseIf ListBox1.SelectedIndex = 2 Then
            ListView1.SmallImageList = ImageList1
            ListView1.View = View.List
        ElseIf ListBox1.SelectedIndex = 3 Then
            ListView1.SmallImageList = ImageList1
            ListView1.View = View.Details
        End If
```

```
    End Sub

    Private Sub Button1_Click(ByVal sender As System.Object, ByVal e As
System.EventArgs) Handles Button1.Click
        End
    End Sub

End Class
```

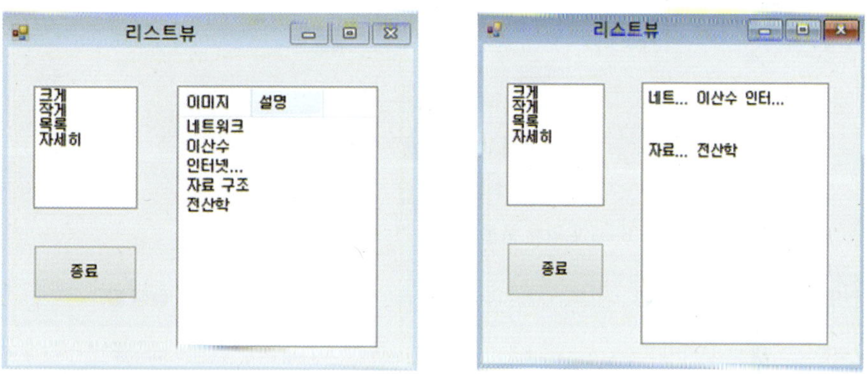

(a) '자세히' 선택 후 출력되는 결과 (b) '크게' 선택 후 출력되는 결과

<그림 8-3> 리스트뷰를 이용한 폼의 실행 결과

8.2 트리뷰

트리뷰(TreeView) 컨트롤을 사용하면 각각의 레이블과 선택적인 비트맵으로 이루어진 노드 개체의 계층 구조를 표시할 수 있다. 트리뷰는 문서의 제목이나 인덱스 입력 부분, 디스크의 파일과 디렉터리 등 계층 구조로 표시할 수 있는 정보를 효율적으로 표시하는데 사용된다. 트리뷰를 이미지와 함께 표시하기 위해서는 이미지 리스트 컨트롤과 함께 사용하면 된다. 트리뷰는 이미지와 텍스트를 모두 포함할 수 있는 항목인 Nodes 컬렉션으로 구성된다.

Nodes 컬렉션은 하나 이상의 노드를 포함한다. 트리뷰를 이용한 폼 화면은 <그림 8-4>와 같고 이에 필요한 속성은 [표 8-4]와 같다.

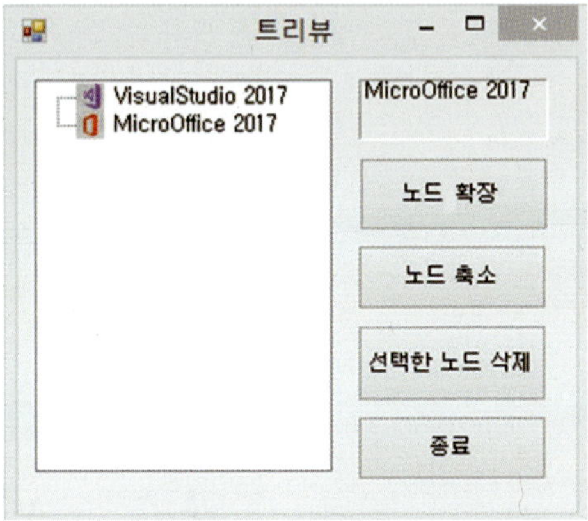

<그림 8-4> 트리뷰를 이용한 폼

[표 8-4] 트리뷰 폼을 구성하기 위해 필요한 속성

컨트롤	이름	속성	속성 값
Form1	Form1	Text	트리뷰
TreeView	TreeView1	ImageList	ImageList1
		ImageIndex	0
		SelectedImageIndex	1
		ShowLines	True
		ShowPlusMinus	True
		ShowRotLines	True
ImageList	ImageList1		
Label	Label1	Name	lbl표시
		Text	공백
		AutoSize	False
		BorderStyle	Fixed3D

Button	Button1	Name	btn노드 확장
		Text	노드 확장
	Button2	Name	btn노드 축소
		Text	노드 축소
	Button3	Name	btn삭제
		Text	선택한 노드 삭제
	Button4	Name	btn종료
		Text	종료

트리뷰 폼을 처리하는 프로그램의 전체 소스 코드는 다음과 같다.

```
Public Class Form1

    Private Sub btn노드 확장_Click(ByVal sender As System.Object, ByVal e As
System.EventArgs) Handles btn노드 확장.Click
        TreeView1.ExpandAll()
    End Sub

    Private Sub btn노드 축소_Click(ByVal sender As System.Object, ByVal e As
System.EventArgs) Handles btn노드 축소.Click
        TreeView1.CollapseAll()
    End Sub

    Private Sub btn삭제_Click(ByVal sender As System.Object, ByVal e As
System.EventArgs) Handles btn삭제.Click
        TreeView1.SelectedNode.Remove()
    End Sub
```

```
    Private Sub btn종료_Click(ByVal sender As System.Object, ByVal e As
System.EventArgs) Handles btn종료.Click
        End
    End Sub

    Private Sub TreeView1_AfterSelect(ByVal sender As Object, ByVal e As
System.Windows.Forms.TreeViewEventArgs) Handles TreeView1.AfterSelect
        lbl표시.Text = TreeView1.SelectedNode.Text
    End Sub

End Class
```

이 프로그램의 실행 결과는 <그림 8-5>와 같다.

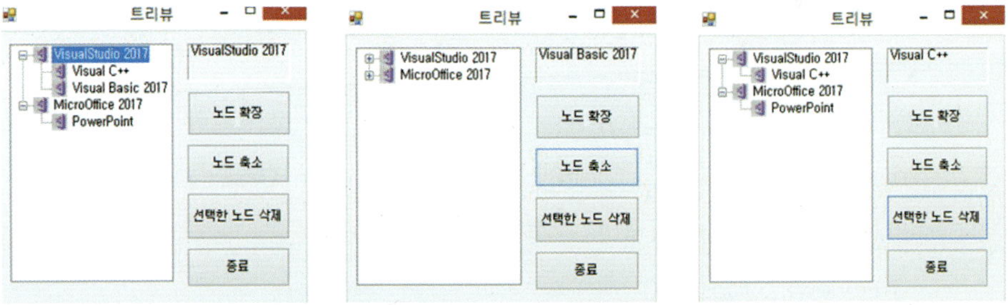

<그림 8-5> 트리뷰를 이용한 폼의 실행 결과

8.3 탭

탭(Tab) 컨트롤은 좁은 공간에 여러 응용 프로그램들의 창 또는 대화 상자의 기능을 함께 담을 수 있도록 하는 컨트롤이다. 탭 컨트롤은 Tabs 컬렉션에 포함된 하나 이상의 Tab 개체들로 구성된다. 탭 컨트롤을 이용한 폼은 <그림 8-6>과 같다.

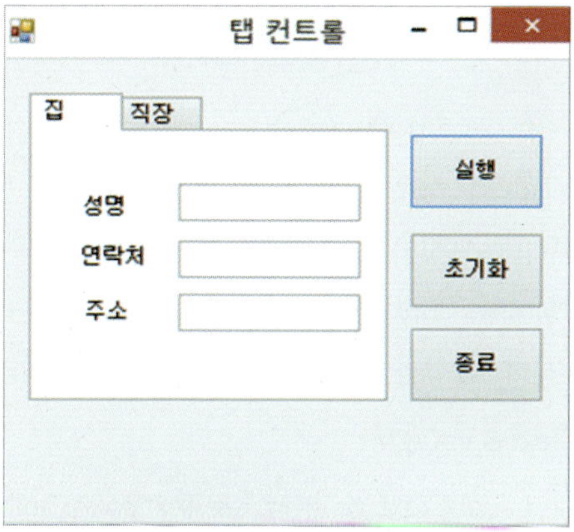

<그림 8-6> 탭 컨트롤을 이용한 폼

여기에 필요한 속성은 [표 8-5]와 같다.

[표 8-5] 탭 폼을 구성하기 위해 필요한 속성

컨트롤	이름	속성	속성 값
Form	Form1	Text	탭 컨트롤
TabControl	TabControl1	TabPage1	Label1 / TextBox1
			Label2 / TextBox2
			Label3 / TextBox3
		TabPage2	Label4 / TextBox4
			Label5 / TextBox5
			Label6 / TextBox6
Button	Button1	Text	실행
	Button2	Text	초기화
	Button3	Text	종료
Label	Label1	Text	
		AutoSize	False

탭 컨트롤 폼을 처리하는 프로그램의 전체 소스 코드는 다음과 같다.

```
Public Class Form1

    Private Sub Button1_Click(ByVal sender As System.Object, ByVal e As
System.EventArgs) Handles Button1.Click
        Label7.Text = "성명:" & TextBox1.Text & " 전화번호: " & TextBox2.Text &
"주소: " & TextBox3.Text & vbCrLf
        Label7.Text = Label7.Text & "부서:" & TextBox4.Text & " 직책: " &
TextBox5.Text & "급여: " & TextBox6.Text
    End Sub

    Private Sub Button2_Click(ByVal sender As System.Object, ByVal e As
System.EventArgs) Handles Button2.Click
        End
    End Sub

    Private Sub Button3_Click(ByVal sender As System.Object, ByVal e As
System.EventArgs) Handles Button3.Click
        TextBox1.Text = ""
        TextBox2.Text = ""
        TextBox3.Text = ""
        TextBox4.Text = ""
        TextBox5.Text = ""
        TextBox6.Text = ""
        Label7.Text = ""
    End Sub

End Class
```

이 프로그램의 실행 결과는 <그림 8-7>과 같다.

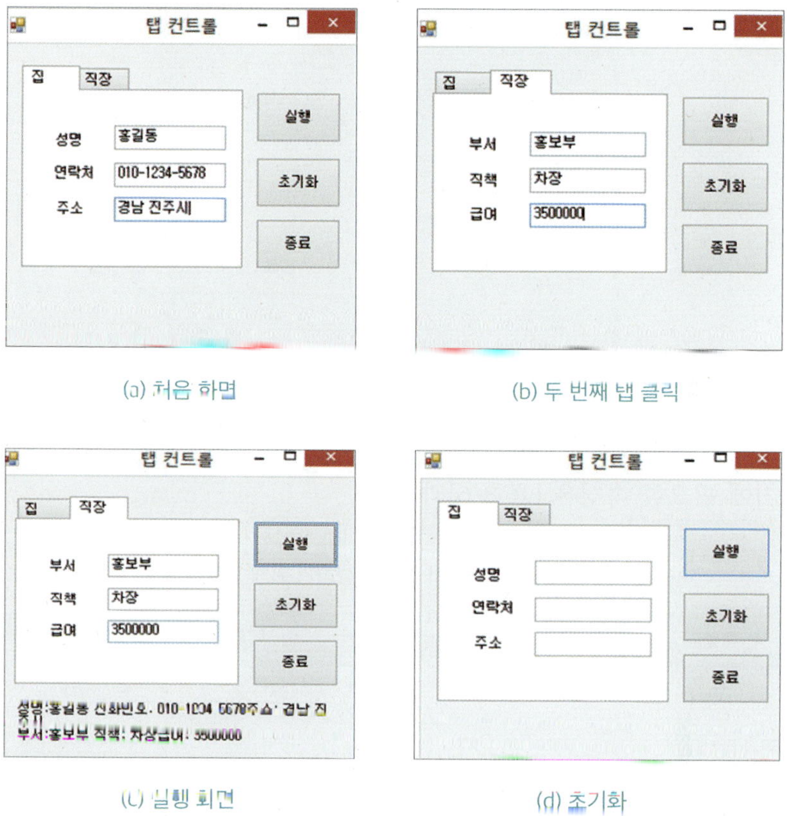

(a) 처음 화면 (b) 두 번째 탭 클릭

(c) 실행 화면 (d) 초기화

<그림 8-7> 탭 컨트롤을 이용한 폼의 실행 결과

8.4 데이트타임픽커

데이트타임픽커(DateTimePicker) 컨트롤은 사용자가 날짜와 시간을 선택하고, 해당 날짜와 시간을 지정된 서식으로 표시할 수 있도록 해 주는 윈도우즈 컨트롤이다. 데이트타임픽커를 이용한 폼은 <그림 8-8>과 같다.

<그림 8-8> 데이트타임픽커를 이용한 폼

여기에 필요한 속성은 [표 8-6]과 같다.

[표 8-6] 데이트타임픽커 폼을 구성하기 위해 필요한 속성

컨트롤	이름	속성	속성 값
Form	Form1	Text	
dateTimePicker	dateTimePicker	Text	
GroupBox	GroupBox1	Text	
RadioButton	RadioButton1	Text	Long
	RadioButton2	Text	Short
	RadioButton3	Text	Custom
Label	Label1	Text	
Button	Button1	Text	종료

데이트타임픽커 폼을 처리하는 프로그램의 소스 코드는 다음과 같다.

```
Public Class Form1

    Private Sub Form1_Load(ByVal sender As System.Object, ByVal e As System.
EventArgs) Handles MyBase.Load
        DateTimePicker1.Format = DateTimePickerFormat.Long
        Label1.Text = DateTimePicker1.Text
    End Sub

    Private Sub Button1_Click(ByVal sender As System.Object, ByVal e As System.
EventArgs) Handles Button1.Click
        End
    End Sub

    Private Sub RadioButton1_CheckedChanged(ByVal sender As System.Object,
ByVal e As System.EventArgs) Handles RadioButton1.CheckedChanged
        If RadioButton1.Checked = True Then
            DateTimePicker1.Format = DateTimePickerFormat.Long
            Label1.Text = DateTimePicker1.Text
        End If
    End Sub

    Private Sub RadioButton2_CheckedChanged(ByVal sender As System.Object,
ByVal e As System.EventArgs) Handles RadioButton2.CheckedChanged
        If RadioButton2.Checked = True Then
            DateTimePicker1.Format = DateTimePickerFormat.Short
            Label1.Text = DateTimePicker1.Text
        End If
```

```
    End Sub

     Private Sub RadioButton3_CheckedChanged(ByVal sender As System.Object,
ByVal e As System.EventArgs) Handles RadioButton3.CheckedChanged
        If RadioButton3.Checked = True Then
            DateTimePicker1.Format = DateTimePickerFormat.Custom
            DateTimePicker1.CustomFormat = "yyyy년mm월dd일hh시mm분ss초"
            Label1.Text = DateTimePicker1.Text
        End If
    End Sub

End Class
```

이 프로그램의 실행 결과는 <그림 8-9>와 같다.

<그림 8-9> 데이트타임픽커 폼의 실행 결과

확인 학습 문제

1. 다음과 같이 탭 컨트롤과 리스트뷰 컨트롤을 이용하여 회원 정보를 입력하고, 그 정보를 볼 수 있도록 하는 프로그램을 작성해 보자.

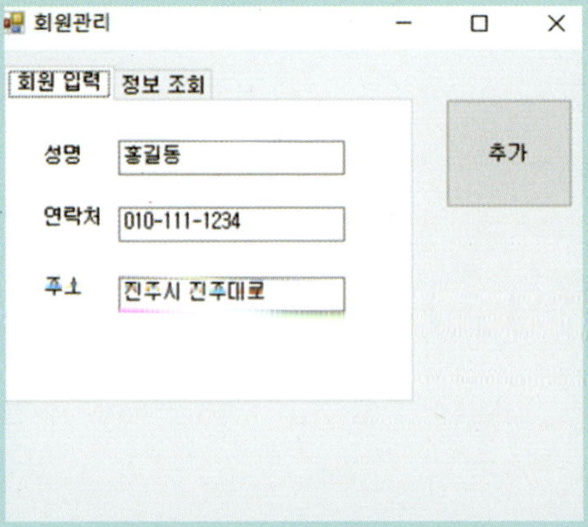

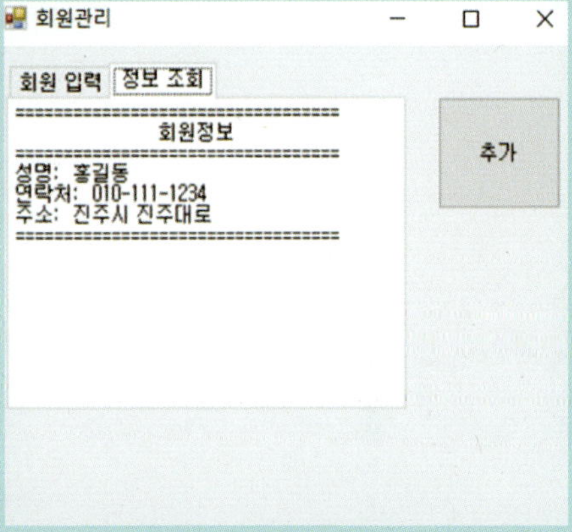

2. 트리뷰와 데이트타임픽커 컨트롤을 이용하여 일정을 관리할 수 있도록 하는 프로그램을 작성해 보자.

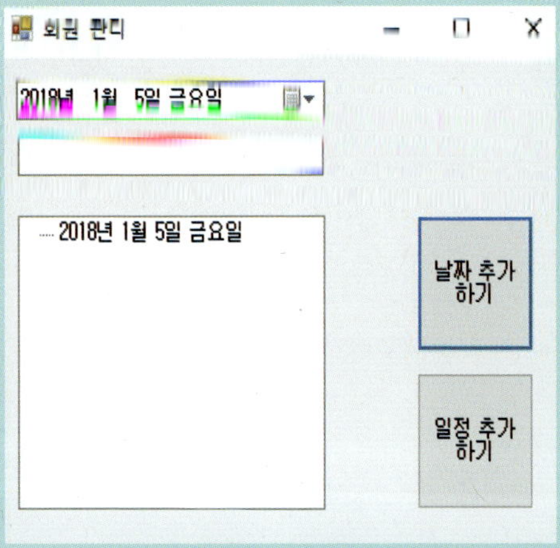

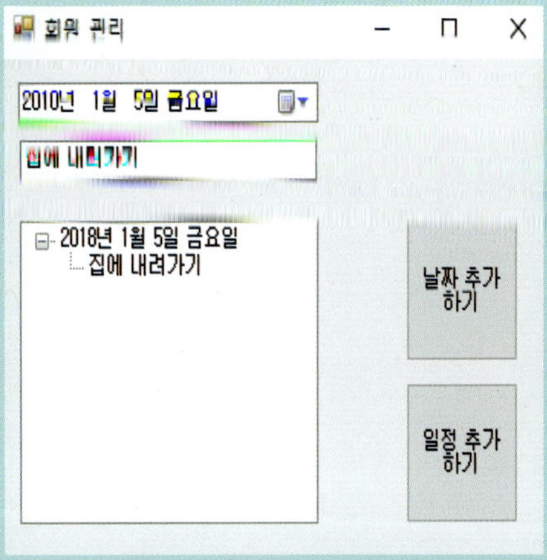

9장

대화 상자와 복수의 폼 다루기

이 장에서는 이름, 아이디, 패스워드를 입력받아 회원 가입을 처리하고, 아이디와 패스워드를 입력받아 로그인을 처리하는 프로그램을 만들어 본다. 이를 위해서 우선 메시지박스와 입력박스를 알아본 후, 여러 개의 폼을 생성하고 동시에 다루는 방법들을 익힌다.

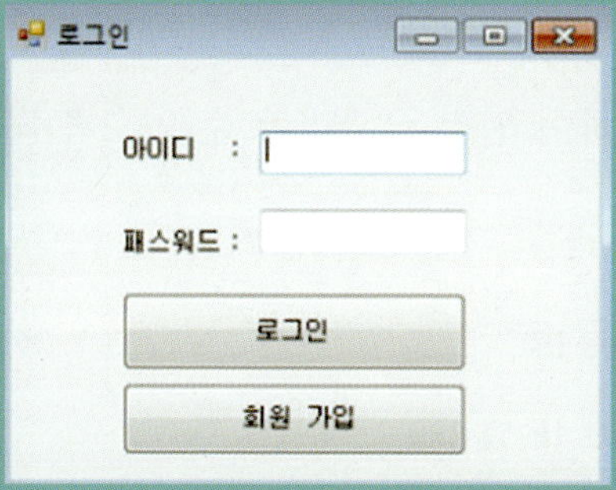

1
DAY

9.1 메시지박스

사용자에게 특정 메시지를 보여 주거나 간단한 응답을 받아들이는 것이 필요할 때가 있다. 이러한 사용자와의 상호 작용을 위해 기본적으로 사용되는 것이 메시지박스(MessageBox)이다. 이의 사용 방법에 대해 알아본다.

사용자에게 메시지를 보여 주려면 MessageBox의 정적 메소드 Show(String)를 호출한다. 메시지박스에 확인 버튼 외에 취소 버튼이나 캡션을 지정하려면 Show(String, String, MessageBoxButton) 메소드를 사용하면 된다. 메시지박스는 모달 대화(Modal Dialog) 상자이다. 즉, 계속하려면 메시지박스에 사용자가 응답해야 한다. Show() 메소드에서 반환한 MessageBoxResult 개체를 사용하여 사용자가 확인을 클릭했는지 취소를 클릭했는지 여부에 따라서 적절하게 대응할 수 있다.

9.1.1 메시지박스의 구성 요소

메시지박스를 사용하기 위한 구문 형식은 다음과 같다.

```
MessageBox.Show("메시지", 제목 표시줄, 단추 유형, 아이콘)
```

메시지박스의 실제 사용 예는 다음과 같으며, 실행 결과는 아래 <그림 9-1>과 같다.

```
MessageBox.Show("Visual Basic 2017 시작", "Start Dialog", MessageBoxButtons.OK)
```

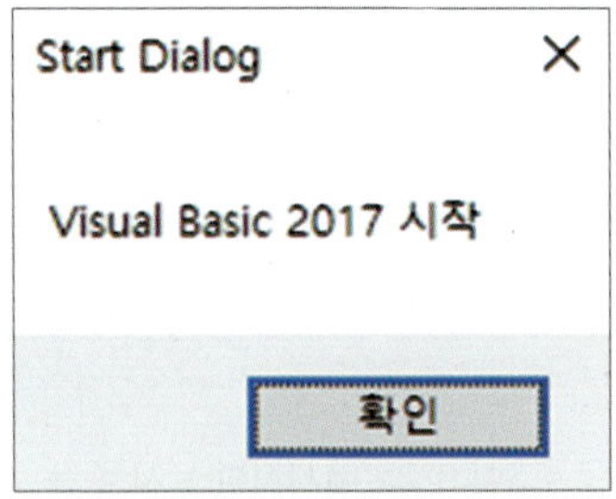

<그림 9-1> 메시지박스 사용 예

메시지박스에서 지원하는 버튼의 종류는 [표 9-1]과 같다.

[표 9-1] 메시지박스에서 지원하는 버튼들

필드	기능
OK	확인(OK) 버튼 하나만 표시
OKCancel	확인, 취소 2개의 버튼만 표시
AbertRetryIgnore	중단, 다시 시도, 무시 3개의 버튼만 표시
YesNoCancel	예, 아니오, 취소 3개의 버튼만 표시
YesNo	예, 아니오 2개의 버튼만 표시
RetryCancel	다시 시도, 취소 2개의 버튼만 표시

9.1.2 메시지박스 만들기

폼에 두 개의 명령 버튼을 만들어서, 클릭하면 메시지박스가 나타나게 프로그램을 작성해 본다. 이를 위한 폼은 <그림 9-2>와 같다.

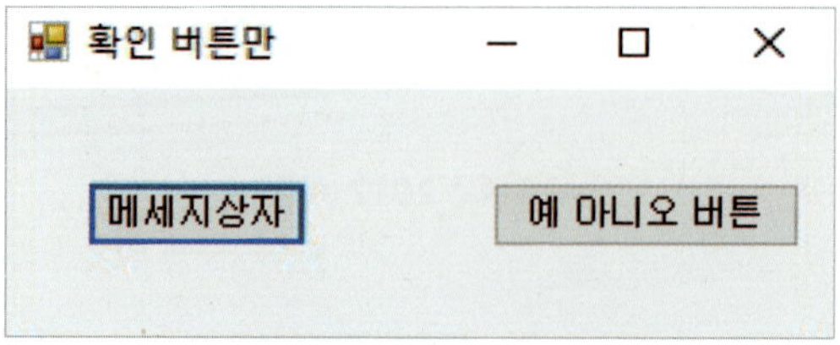

<그림 9-2> 메시지박스 사용 폼

이 폼에 사용될 컨트롤들에 대한 속성을 다음 [표 9-2]와 같이 설정한다.

[표 9-2] 메시지박스 폼에 사용될 컨트롤들의 속성

컨트롤	이름	속성 값	설명
Form	Form1	Text = 메시지 상자	메인 창
Button	Button1	Text = “확인 버튼”	확인 버튼만 있는 메시지박스를 생성
	Button2	Text = “예 아니오 버튼”	예 버튼, 아니요 버튼, 아이콘까지 가지는 메시지박스를 생성

Form1 위의 ‘Button1’ 버튼과 ‘Button2’ 버튼을 더블 클릭하여 다음과 같은 이벤트 처리 코드들을 각각 작성한다.

```
Private Sub Button1_Click(sender As System.Object, e As System.EventArgs)
Handles Button1.Click
    MessageBox.Show("확인 버튼이 나오게 메시지 보여 주기",
     "확인 버튼만", MessageBoxButtons.OK)
End Sub

Private Sub Button2_Click(sender As System.Object, e As System.EventArgs)
Handles Button2.Click
    MessageBox.Show("예 아니요 버튼 나오게 메시지 보여 주기",
```

```
        "예 아니요 버튼", MessageBoxButtons.OKCancel)
    End Sub
```

폼 위의 버튼들을 클릭해서 각각의 경우에 메시지박스가 생성되는 것을 확인해 보면 <그림 9-3>과 같다.

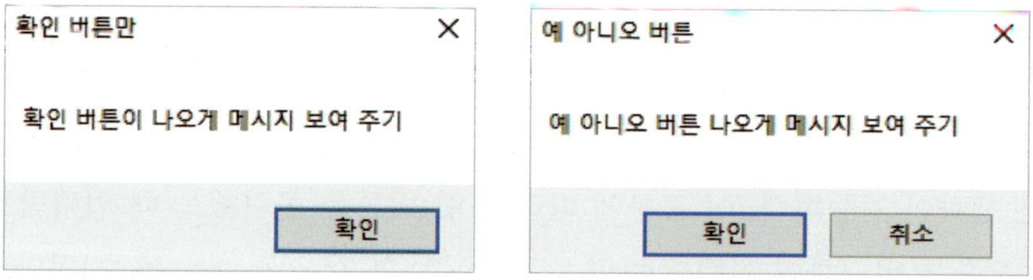

<그림 9-3> 메시지박스 생성

9.2 입력박스

입력박스(InputBox)는 프로그램 실행 중에 메시시박스의 메시지와 함께 값을 입력할 수 있게 한다. 입력박스는 메시지박스 안에 텍스트박스가 있어 사용자가 문자열을 입력할 수 있고, '확인', '취소' 버튼이 있어 사용자의 선택에 따라 수행하도록 한다. 그리고 사용자가 값을 입력하거나 버튼을 누르기를 기다렸다가 입력한 내용을 포함하여 문자열을 반환한다.

9.2.1 입력박스의 구성 요소

입력박스의 사용 구문은 다음과 같다.

```
InputBox(프롬프트[, 타이틀][, 초기값][, x위치][, y위치][, 도움말 파일, 컨텍스트])
```

입력박스의 실제 사용 예는 다음과 같다.

```
InputBox("문자열을 입력 대화 상자를 이용하여 출력해 보자", "타이틀")
```

입력박스의 구성 요소 중 프롬프트는 반드시 써야 하고 나머지 구성 요소들은 생략이 가능하다. 이 구문에 따라 명령 버튼을 클릭했을 때 입력박스가 생성되도록 코딩하여 실행해 보면 <그림 9-4>와 같은 결과를 볼 수 있다.

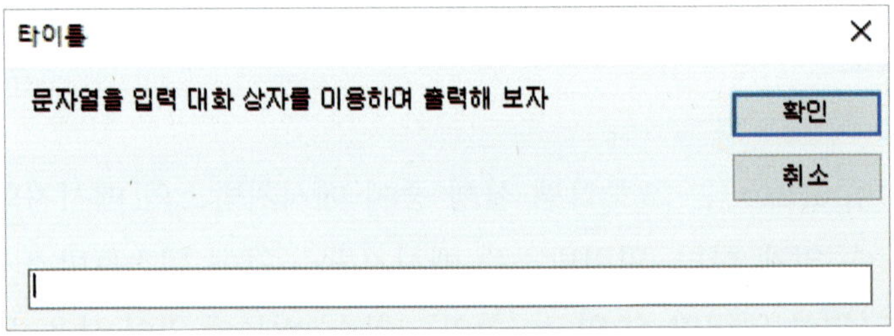

<그림 9-4> 생성된 입력박스

9.2.2 입력박스 만들기

폼에 두 개의 명령 버튼을 배치시키고, 먼저 하나의 버튼을 클릭하여 입력박스가 나타나면 문자열을 입력하고 다른 하나의 버튼을 클릭하면 입력받은 내용이 레이블에 출력되도록 해 본다. 먼저 입력박스 활용 폼을 <그림 9-5>와 같이 만든다.

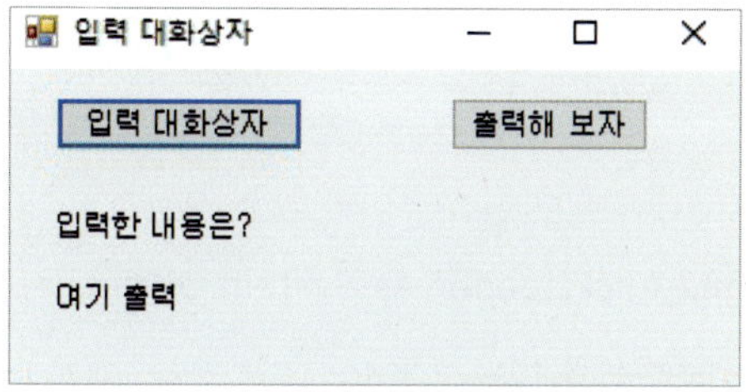

<그림 9-5> 입력박스 활용을 위한 폼

이 폼에 사용된 컨트롤들에 대한 속성을 [표 9-3]과 같이 설정한다.

[표 9-3] 입력박스 활용에 사용된 컨트롤들의 속성

컨트롤	이름	속성 값	비고
Form	Form1	Text=입력 대화 상자	전체 폼
Label	Label1	Text=입력한 내용은?	
	Label2	Text=여기 출력	입력박스에서 받은 문자열을 출력할 레이블
Button	Button1	Text=입력 대화 상자	문자열 입력을 위한 입력박스를 생성할 버튼
	Button2	Text=출력해 보자	입력받은 문자열을 출력하도록 명령할 버튼

우선 입력박스를 통해 입력받은 값을 저장할 변수가 필요하다. 여기서는 ivalue를 문자열 변수로 선언하여 사용한다. 그리고 각 버튼에 대하여 클릭 이벤트가 발생했을 때 수행하게 될 처리 코드를 코딩해 본다.

먼저 'Button1' 버튼을 더블 클릭하여 다음과 같이 이벤트 핸들러를 작성해 본다.

```
Private Sub Button1_Click(sender As System.Object, e As
System.EventArgs) Handles Button1.Click
    ivalue = InputBox("입력할 내용을 쓰세요", "입력 대화 상자")
End Sub
```

다음으로 'Button2' 버튼을 더블 클릭하여 다음과 같은 이벤트 핸들러를 작성해 본다.

```
Private Sub Button2_Click(sender As System.Object, e As
System.EventArgs) Handles Button2.Click
    Label2.Text = ivalue
End Sub
```

작성한 프로그램을 실행시키고 <그림 9-6>과 같이 사용해 본다. 먼저 <그림 9-6(a)>처럼 "입력 대화 상자" 버튼을 클릭해 본다. 그리고 <그림 9-6(b)>처럼 입력박스에 문자열을 입력하고 '확인' 버튼을 클릭한다. 마지막으로 다시 <그림 9-6(c)>처럼 "출력해 보자" 버튼을 클릭하면 입력박스를 통해 입력된 문자열이 레이블에 나타나는 것을 볼 수 있다.

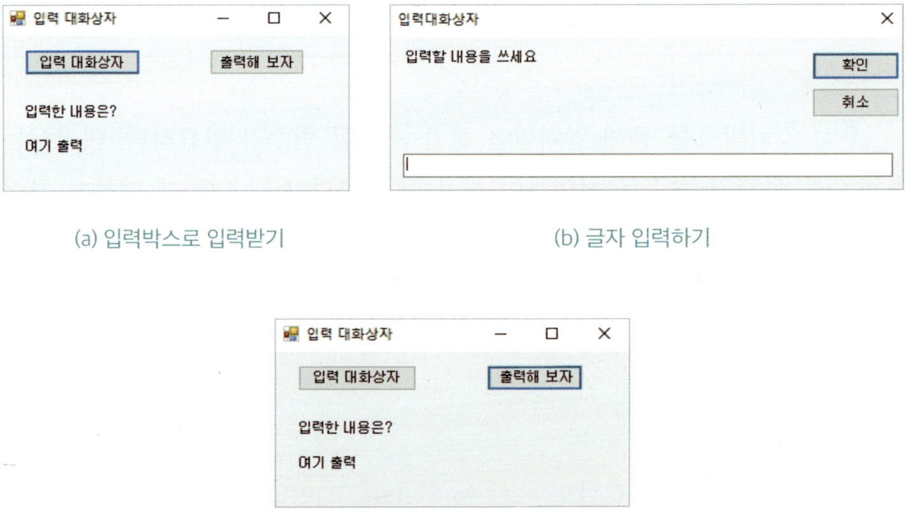

(a) 입력박스로 입력받기

(b) 글자 입력하기

(c) 입력 글자 출력하기

<그림 9-6> 입력박스 활용 결과

9.3 다중 폼 다루기

지금까지 본 것과 같이 폼 개체는 비주얼 베이직 응용 프로그램의 사용자 인터페이스를 만들기 위한 기본 창이다. 그런데 지금까지는 하나의 폼으로만 동작하는 프로그램을 만들어 보았으나 여기서는 여러 개의 폼들을 동시에 사용하는 프로그램을 만들 수 있도록 하는 기능들을 몇 가지 알아본다. '폼 추가하기, 폼 삭제하기, 시작 폼 지정하기' 등과 관련된 메소드와 이벤트를 사용하여 여러 폼들이 연동하여 동작하도록 하는 방법들에 대해 살펴본다.

9.3.1 새로운 폼의 추가와 기존 폼의 삭제

비주얼 베이직을 처음 실행하면 새로운 폼과 프로젝트가 하나씩 생성된다. 여기에 새로운 폼을 하나 더 추가해 본다. <그림 9-7>과 같이 메뉴에서 [프로젝트] - [Windows Form 추가]를 선택하면 새로운 폼을 추가할 수 있다.

<그림 9-7> 메뉴를 이용한 폼 추가하기

위와 같이 폼을 하나 추가하게 되면 두 개의 폼들이 생성된다. 두 개의 폼이 생성되면 어떤 폼을 시작 폼으로 할지를 결정해야 한다. [프로젝트] - [WindowsApplication1] 속성을 클릭하면 <그림 9-8>과 같은 속성 창이 나오는데 왼쪽의 [응용 프로그램] 탭을 클릭하면 시작 폼을 설정할 수 있다. 예를 들어, 'Form2'를 시작 폼으로 설정하려면 그것을 선택하기만 하면 된다.

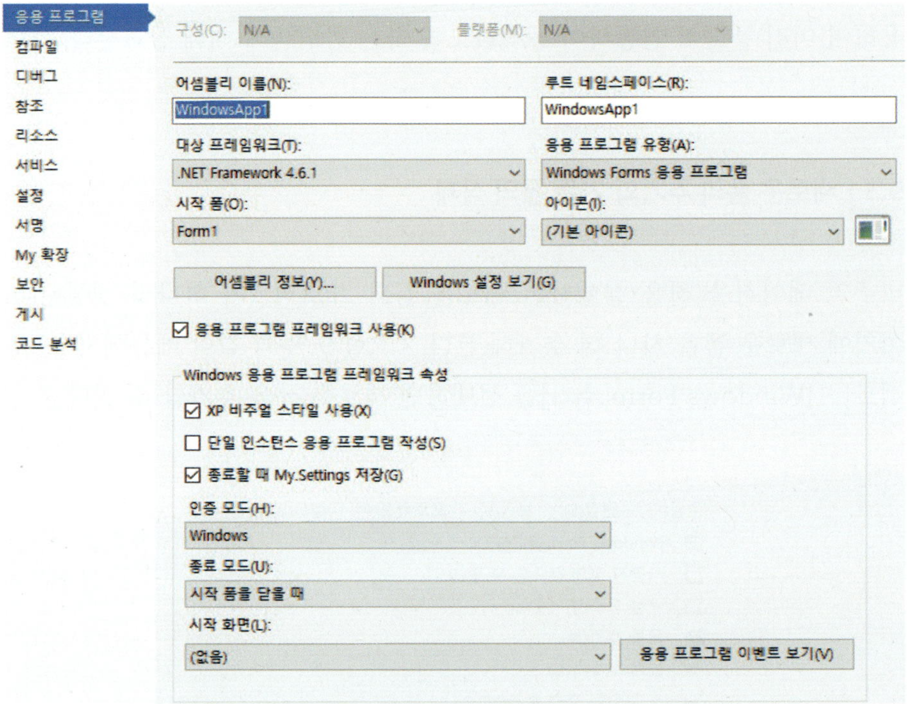

<그림 9-8> 프로젝트 속성 창

기존 폼을 삭제하려면 <그림 9-9>와 같이 솔루션 탐색기에서 폼을 선택한 후 마우스의 오른쪽 버튼을 클릭하여 '삭제'를 선택하면 된다.

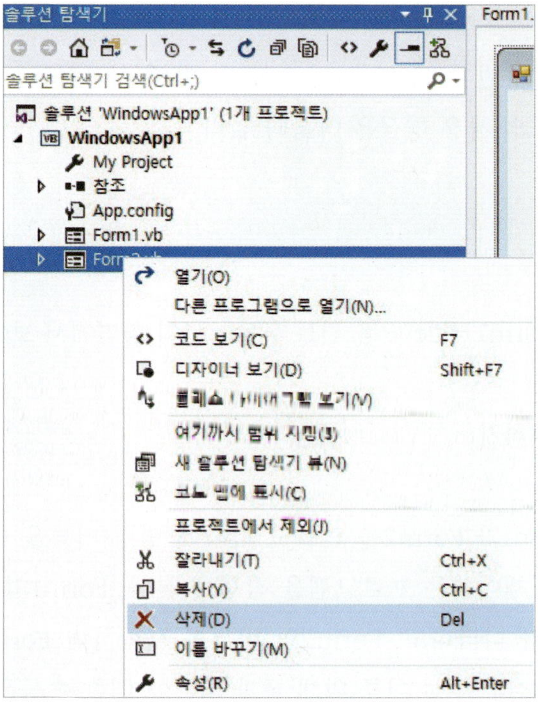

<그림 9-9> 폼 삭제

9.3.2 폼 보이기와 폼 숨기기

다중 폼을 다루려면 원하는 폼을 보이게 하거나 숨길 수 있어야 한다. 폼을 보이거나 숨기는 기능을 하는 메소드들에 대해 알아본다.

1) 폼 보이기

폼을 보이기 위해서 사용하는 메소드는 Show이다. Show의 사용 형식은 다음과 같다.

```
폼 이름.Show
```

예를 들어, Form1.Show와 같이 쓰면 폼 컨트롤 Form1이 화면에 보이게 된다.

2) 폼 숨기기

폼을 닫지 않고 화면에서는 보이지 않도록 할 때 사용하는 메소드는 Hide이다. Hide 메소드의 사용 형식은 다음과 같다.

```
폼 이름.Hide
```

예를 들어, Form1.Hide는 폼 컨트롤 Form1이 화면에서 보이지 않게 한다.

3) 두 개의 폼 사용하기

두 개의 폼 Form1과 Form2를 만들고 각각에 명령 버튼을 하나씩 배치하여 두 개의 폼들을 제어하는 프로그램을 작성해 본다. Form1의 명령 버튼을 클릭하면 Form2가 나타나고, Form2의 버튼을 클릭하면 Form2를 숨기는 식으로 동작시켜 본다. 우선 이를 위해 폼과 버튼에 대한 속성을 [표 9-4]와 [표 9-5]와 같이 각각 설정한다.

[표 9-4] Form1에 사용된 컨트롤들의 속성들

컨트롤	이름	주요 속성	설명
Form	Form1	Text = 첫 번째 폼	실행 시 처음 보여 주는 폼
Button	Button1	Text = 두 번째 폼 보이기	버튼 클릭 시 Form2를 보여 준다.

[표 9-5] Form2에 사용된 컨트롤들의 속성들

컨트롤	이름	주요 속성	설명
Form	Form2	Text = 두 번째 폼	버튼 클릭 시 폼이 보인다.
Button	Button1	Text = 두 번째 폼 숨기기	버튼 클릭 시 Form2를 숨긴다.

다음은 Form1에서 'Button1' 버튼을 클릭하여 Form2가 나타나도록 하는 이벤트 핸들러를 작성한 것이다.

```
Private Sub Button1_Click(sender As System.Object, e As System.EventArgs)
Handles Button1.Click
    Form2.Show()
End Sub
```

Form2에서 'Button1' 버튼을 클릭했을 때 Form2를 숨기도록 하는 이벤트 핸들러를 작성해 본다.

```
Private Sub Button1_Click(sender As System.Object, e As System.EventArgs)
Handles Button1.Click
    Me.Hide()
End Sub
```

이제 프로그램을 실행해서 "두번째 폼 보이기" 버튼을 클릭해 보면, <그림 9-8>과 같이 Form2가 나타난다. "두번째 폼 숨기기" 버튼이 클릭되면 Form2는 사라지고, 처음에 프로그램을 실행했을 때처럼 첫 번째 폼만 보인다.

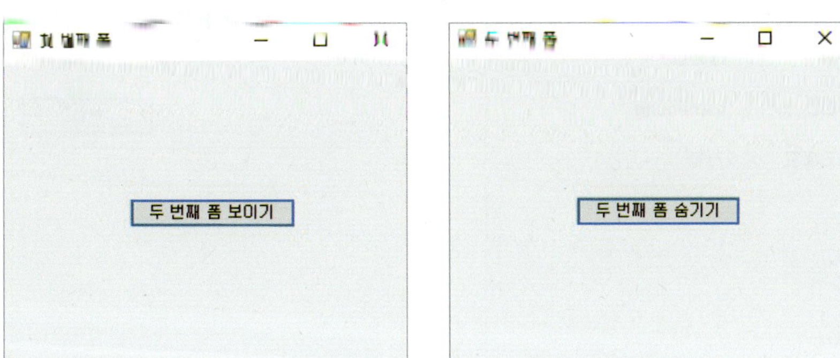

(a) 첫 번째 폼 (b) 두 번째 폼

<그림 9-8> 폼 숨기기 기능 실행 결과

9.4 로그인 처리 프로그램 만들기

텍스트박스와 명령 버튼 컨트롤들, 그리고 다중 폼 다루기 기능을 활용하여 앞서 언급하였던 회원 가입 및 로그인을 처리하는 프로그램을 작성해 본다. 우선 <그림 9-11>과 같이 여러 개의 폼들을 설계한다.

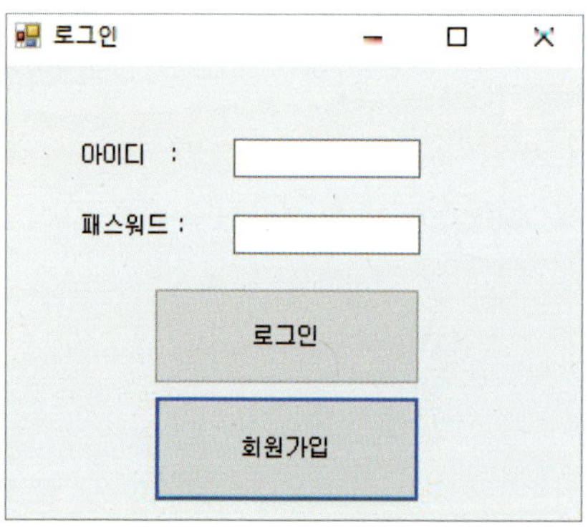

(a) 로그인 폼

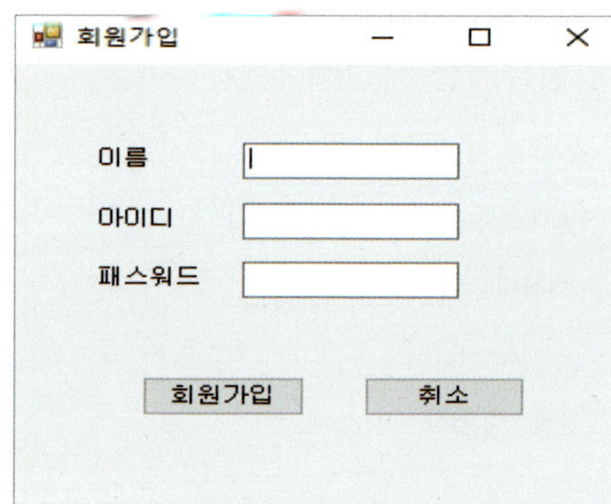

(b) 회원 가입 폼

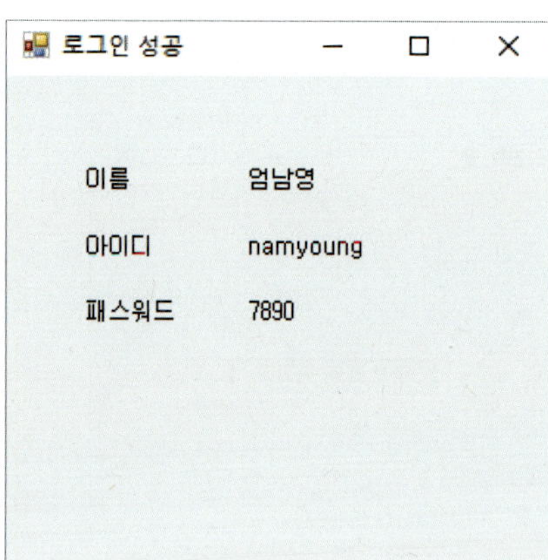

(c) 로그인 성공 폼

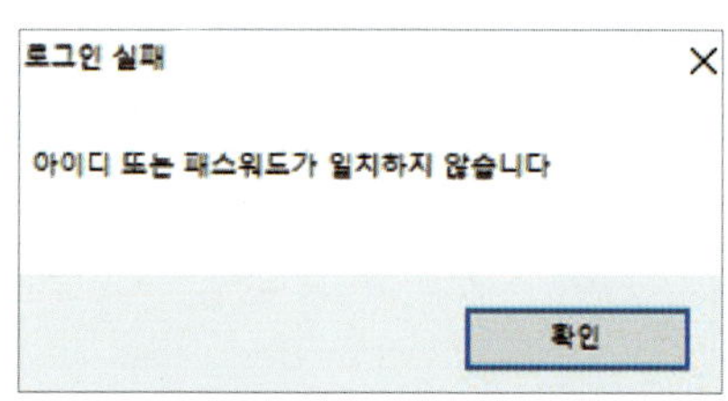

(d) 로그인 실패 폼

<그림 9-11> 로그인을 위한 프로그램의 폼들

[표 9-6], [표 9-7], [표 9-8]과 같이 해당 컨트롤들에 대해 몇 가지 속성 값을 지정한다.

[표 9-6] 로그인 폼의 컨트롤 속성

컨트롤	이름	속성	속성 값
Form	Form1	Text	로그인
Label	Label1	Text	아이디:(프로그램에서 필요해서 임)
	Label2	Text	패스워드:
TextBox	TextBox1	Text	
	TextBox2	Text	
Button	Button1	Text	로그인
	Button2	Text	회원가입

[표 9-7] 회원가입 폼의 컨트롤 속성

컨트롤	이름	속성	속성 값
Form	Form2	Text	회원 가입
Label	Label1	Text	이름
	Label2	Text	아이디
	Label3	Text	패스워드
TextBox	TextBox1		
	TextBox2		
	TextBox3		
Button	Button1	Text	회원 가입
	Button2	Text	취소

[표 9-8] 로그인 성공 폼의 컨트롤 속성

컨트롤	이름	속성	속성 값
Form	Form3	Text	로그인 성공
Label	Label1	Text	이름:
	Label2	Text	아이디:
	Label3	Text	패스워드:
	Label4	Text	
	Label5	Text	
	Label6	Text	
Button	Button1	Text	닫기

다음은 로그인 창에 이벤트가 발생했을 때 처리될 내용들을 코딩한 소스 코드이다. 우선 폼이 로드될 때 문자열 변수들을 초기화하고, 각 버튼이 클릭될 때 해당 코드가 수행되게 한다.

```
Public Class Form1
    Public idValue As String
    Public passValue As String
    Public nameValue As String

    Private Sub Button1_Click(sender As System.Object, e As System.EventArgs)
Handles Button1.Click
        Form2.Show()
    End Sub

    Private Sub Button2_Click(sender As System.Object, e As System.EventArgs)
```

```
Handles Button2.Click
        If (idValue.Equals(TextBox1.Text) And passValue.Equals(TextBox2.Text))
Then
            Form3.Show()
        Else
            MessageBox.Show("아이디 또는 패스워드가 일치하지 않습니다", "로그인
실패", MessageBoxButtons.OK)
        End If
    End Sub

    Private Sub Form1_Load(sender As System.Object, e As System.EventArgs)
Handles MyBase.Load
        idValue = ""
        passValue = ""
        nameValue = ""
    End Sub

End Class
```

다음은 로그인 창의 회원 가입 버튼이 클릭되었을 때 나타난 회원 가입 창에서 발생할 수 있는 이벤트들을 처리하는 소스 코드이다.

```
Public Class Form2

    Private Sub Button1_Click(sender As System.Object, e As System.EventArgs)
Handles Button1.Click
        Form1.nameValue = TextBox1.Text
```

```
        Form1.idValue = TextBox2.Text
        Form1.passValue = TextBox3.Text
        Me.Close()
    End Sub

    Private Sub Button2_Click(sender As System.Object, e As System.EventArgs)
Handles Button2.Click
        Me.Close()
    End Sub

End Class
```

다음은 회원 가입이 성공적으로 수행되었을 때 Form3이 로드되면서 회원 가입 창에서 입력받은 이름, 아이디, 패스워드를 각 레이블에 출력하도록 코딩한 소스 코드이다. 그리고 닫기 버튼을 클릭하면 Form3을 닫게 한다.

```
Public Class Form3

    Private Sub Button1_Click(sender As System.Object, e As System.EventArgs)
Handles Button1.Click
        Me.Close()
    End Sub

    Private Sub Form3_Load(sender As System.Object, e As System.EventArgs)
Handles MyBase.Load
        Label4.Text = Form1.nameValue
        Label5.Text = Form1.idValue
```

```
        Label6.Text = Form1.passValue
    End Sub


End Class
```

확인 학습 문제

1. 지금까지 배운 기능들을 이용해서 다음과 같은 복수의 폼들을 사용하여 각각 서로 다른 폼을 호출하고 자신을 숨기는 기능을 구현하는 프로그램을 만들어 보자.

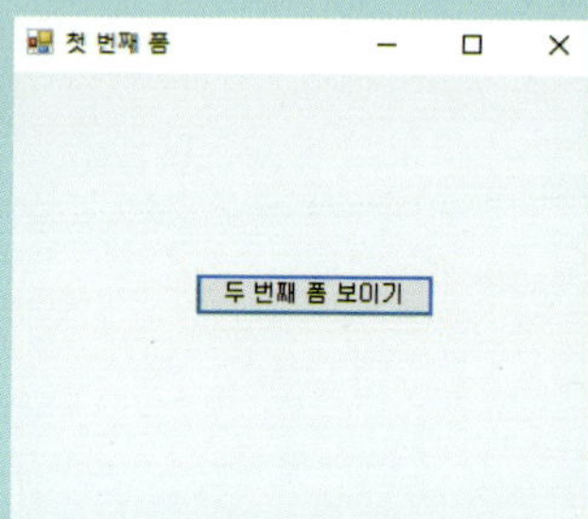

(a) 첫 번째 폼

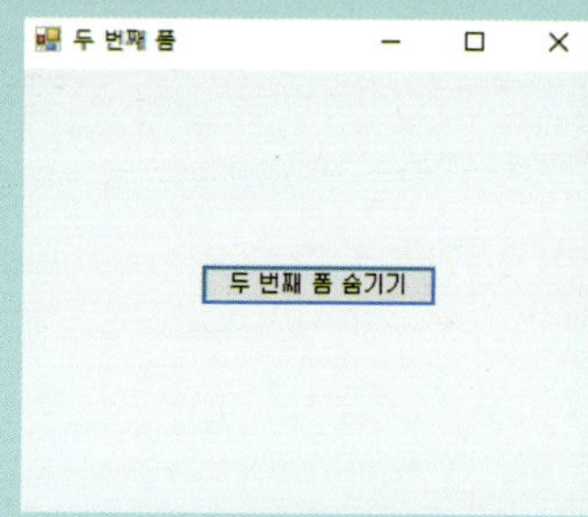

(b) 두 번째 폼

2. 지금까지 배운 기능들을 이용해서 다음과 같은 인터페이스를 통해 운용되는 성적 처리 프로그램을 만들어 보자. 즉, (1) 실행 결과 1을 로드할 때 나타내게 하고, (2) 점수 입력 버튼을 누르면 실행 결과 2를 반복해서 나타낸 후, (3) 차례로 점수를 입력하면, 실행 결과 3이 나타나도록 한다.

컨트롤	이름	속성	속성 값
Form	Form1	Text	성적 처리 프로그램
Label	Label1	Text	국어
	Label2	Text	영어
	Label3	Text	수학
	Label4	BorderStyle	FixedSingle
	Label5	BorderStyle	FixedSingle
	Label6	BorderStyle	FixedSingle
	Label7 Label7	BorderStyle	FixedSingle
		Button1	TopLeft
Button	Button	Text	점수 입력

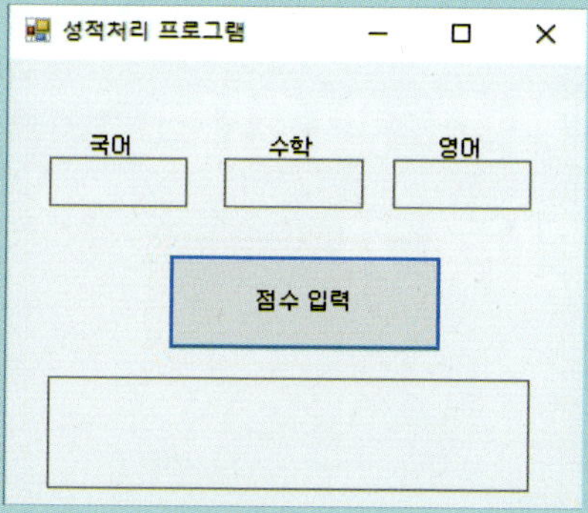

(1) 실행 결과 1

(2) 실행 결과 2

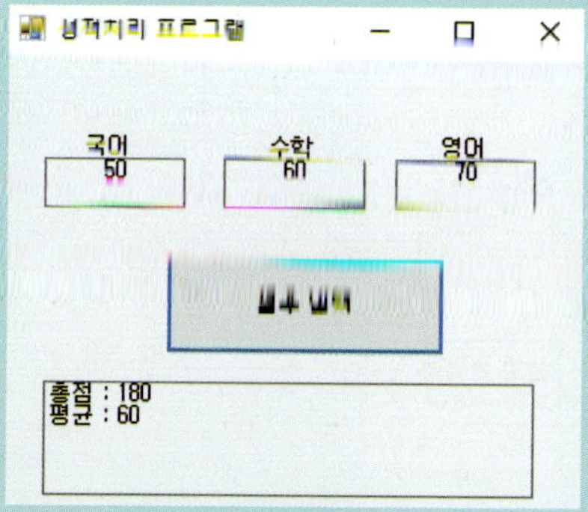

(3) 실행 결과 3

10장

성적 처리기로 익히는 프로시저 다루기

이 장에서는 독립적인 기능을 수행하는 프로그램을 작성해 놓고 이 기능이 필요할 때마다 호출하여 사용하도록 하는 방법에 대해 학습한다. 이 때 논리적인 기능을 수행하도록 독립적으로 작성된 프로그램 단위를 프로시저(Procedure)라고 한다. 이 프로시저에는 서브(Sub) 프로시저와 함수(Function) 프로시저의 두 가지 유형이 있다. 지금까지 우리는 서브 프로시저로 프로그램을 작성해 왔다. 우리는 여기서 성적 처리 프로그램을 통해 이들을 보다 자세히 익힌다.

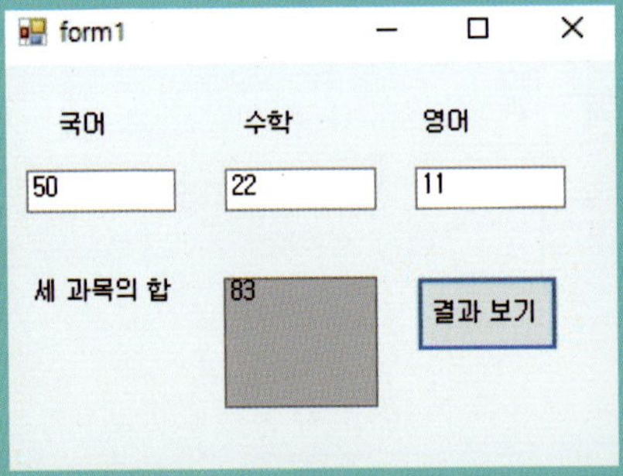

30%
25%
20%
25%

10.1 프로시저들 간의 제어 흐름

하나의 단위 프로그램인 프로시저는 서로 호출이 가능하다. <그림 10-1>은 일반적으로 프로시저 A를 수행하는 중에 프로시저 B를 호출했을 때의 제어 흐름을 보여 준다.

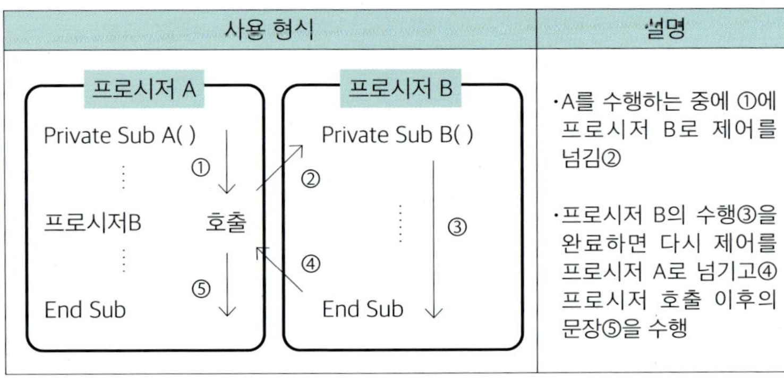

<그림 10-1> 프로시저 호출에 따른 제어의 흐름

이렇게 한 프로시저가 다른 프로시저를 호출하면, 제어는 일단 호출된 프로시저로 넘어간다. 그리고 호출된 프로시저의 작업이 모두 끝이 나면 호출한 프로시저로 제어가 다시 넘어온다. 이 때 제어의 이동과 함께 데이터도 넘길 수 있다. 그래서 이러한 프로시저의 종류는 데이터를 넘기는 방법에 따라 크게 서브 프로시저와 함수 프로시저로 나누어진다.

10.2 서브 프로시저

서브 프로시저는 프로시저의 모든 코드를 수행한 후에 호출 프로그램에게로 값을 반환하지 않는 프로시저를 말한다. 이러한 서브 프로시저는 프로그램 실행 방식에 따라 다시 두 가지로 나누어진다. 첫 번째는 실행 중에 사용자나 시스템에 의해 특정 이벤트가 발생했을 때 그 이벤트를 처리하기 위한 목적에서 만들어진 이벤트 프로시저이고, 두 번째는 프로그램 내의 호출에 의해 수행되는 일반 프로시저이다. 지금까지 프로그램을 작성하는데 있어서 Private Sub Button1_Click() ~ End Sub와 같은 형식으로 작성했던 프로시저들은 모두 이벤트 프로시저들이다. 즉, 이 프로시저는 Button1에 클릭 이벤트가 발생했을 때 자동 호출되어 수행되는 프로시저이다. 여기에서는 이와 달리 일반 프로시저의 정의 및 호출에 대해 다룬다. [표 10-1]은 일반 서브 프로시저를 정의하고 호출하는 형식을 보여 주고 있다.

[표 10-1] 일반 서브 프로시저의 사용 방법

정의	[Private|Public|Static] Sub 프로시저 이름([인수, 인수, …])
	  명령문1
	  명령문2
	    :
	End Sub

호출	[Call] 프로시저 이름([인수, 인수, …])

여기서 [Private|Public|Static]은 프로시저의 통용 범위를 나타낸다. 변수의 통용 범위와 마찬가지로 Private는 모듈 내에서 통용될 수 있는 모듈 프로시저를 의미하고 Public은 프로그램(프로젝트) 전역에서 사용될 수 있는 전역 프로시저를 의미한다. 그리고 Static은 정적 프로시저로서 통용 범위는 모듈 프로시저와 동일하고, 프로시저 내에 있는 모든 지역 변수들이 정적 변수로 사용됨을 의미한다.

프로시저를 정의할 때 사용되는 인수를 형식 매개 변수(Formal Parameter)라 한다. 그리고 이 프로시저를 호출하는 부분에서 사용하는 인수를 실 매개 변수(Actual Parameter)라고 한다. 프로시저를 호출할 때의 인수들은 프로시저를 정의한 곳에서 사용된 인수들과 자료형이 같아야 하고 인수의 개수도 일치해야 한다. <그림 10-2>는 프로시저 A에서 프로시저 B를 호출할 때 매개 변수들 간의 대응 관계를 보여 주고 있다.

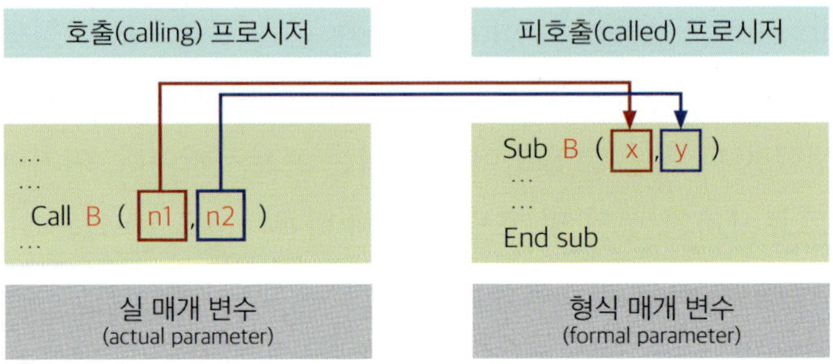

<그림 10-2> 호출 프로시저와 피호출 프로시저 간의 매개 변수 대응

<그림 10-2>는 서브 프로시저 B를 정의할 때 형식 매개 변수로 2개가 사용되었으므로 B를 호출할 때 2개의 실 매개 변수를 사용해서 호출하는 것을 보여 주고 있다. 위 <그림 10-2>에서는 자료형을 명시하지 않았으나, 호출(Calling) 프로시저의 n1은 피호출(Called) 프로시저의 x와 자료형이 일치해야 하고 n2는 y의 자료형과 일치해야 한다.

그러면 서브 프로시저를 이용해서 간단한 성적 처리 프로그램을 작성해 본다. 텍스트박스에 입력된 자료의 합을 계산하여 레이블에 출력하고자 한다. 이것을 처리하는 과정을 이벤트 프로시저가 아닌 일반 프로시저로 구현해 본다. 우선 <그림 10-3>과 같이 과목의 합을 계산하는 성적 처리 폼을 구성해 본다.

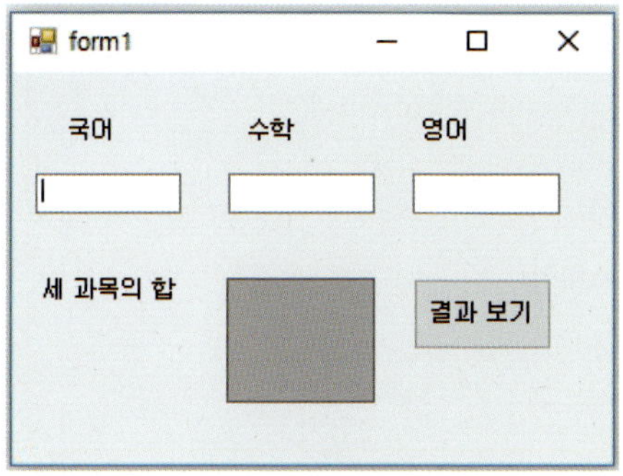

<그림 10-3> 성적 처리 폼

이 폼에 사용된 컨트롤들의 속성은 [표 10-2]와 같다.

[표 10-2] 성적 처리 폼 컨트롤들의 속성들

컨트롤	이름	속성	속성 값
Label	Label1	Text	국어
	Label2	Text	영어
	Label3	Text	수학
	Label4	Text	세 과목의 합
	Label5	Text	
		BorderStyle	FixedSingle
TextBox	TextBox1	Text	
	TextBox2	Text	
	TextBox3	Text	
Button1	Button1	Text	결과 보기

세 과목의 점수를 전달받아서 합을 계산하고 결과를 레이블에 출력하는 서브 프로시저의 소스 코드는 다음과 같다.

```
Private Sub sum(ByVal kor As Integer, ByVal eng As Integer, ByVal math As Integer)
    Dim sum As Integer
    sum = kor + eng + math
    Label5.Text = sum
End Sub
```

위의 sum 프로시저를 호출해서 정의된 기능을 수행하도록 하는 코드는 다음과 같다.

```
Private Sub Button1_Click(sender As System.Object, e As System.EventArgs) Handles Button1.Click
    Dim k, e, m As Integer  'k, e, m 모두 정수형 변수로 선언한다.
    k = TextBox1.Text
    e = TextBox2.Text
    m = TextBox3.Text
    Call sum(k, e, m)
End Sub
```

이를 실행한 결과는 <그림 10-4>와 같다.

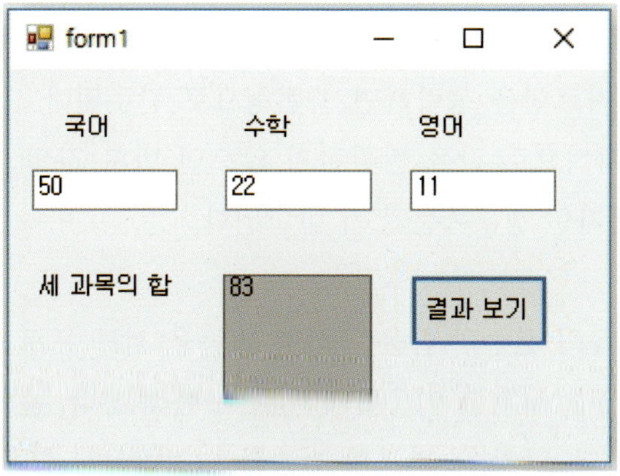

<그림 10-4> 성적 처리 프로그램의 실행 결과

10.3 함수 프로시저

함수 프로시저는 서브 프로시저와는 달리 프로시저를 실행한 후에 호출 프로시저에게로 값을 반환한다. [표 10-3]은 함수 프로시저를 정의하고 호출하는 형식을 보여 주고 있다.

[표 10-3] 함수 프로시저의 사용 방법

정의	[Private|Public|Static] Function 함수 이름([인수, 인수, …]) [As 자료형] 　명령문1 　명령문2 　　: 　함수 이름 = 수식 End Function
호출	함수 이름([인수, 인수, …]) 　혹은 변수 명 = 함수 이름([인수, 인수, …])

[Private|Public|Static]은 앞에서 살펴본 서브 프로시저의 통용 범위와 동일하다. 차이는 함수 정의 부분에서 '함수 이름 = 수식' 꼴로 작성하여 함수 이름을 통해 값을 반환하는 문장을 포함해야 한다. 함수 프로시저 정의 부분에서 반환 값의 자료형을 생략하면 가변형으로 간주된다. 그리고 함수 프로시저 내에서 명시적으로 값을 반환하지 않으면 반환 값의 자료형이 숫자인 경우에는 0이, 문자인 경우에는 ""가 반환된다.

앞에서 세 과목의 점수의 합을 구하는 기능을 서브 프로시저로 구현해 보았다. 이제 함수 프로시저를 이용하여 이를 구현해 본다. 폼의 구성은 앞에서 디자인한 것과 같다. 단지 세 과목의 점수를 넘겨받아서 합을 구하는 것을 함수 프로시저로 정의하고 Button1_Click 프로시저에서는 함수 프로시저를 호출해서 사용하도록 다음과 같이 코딩한다.

```
Private Sub Button1_Click(ByVal sender As System.Object, ByVal e As
System.EventArgs) Handles Button1.Click
    Dim k, e, m As Integer
    k = TextBox1.Text
    e = TextBox2.Text
    m = TextBox3.Text
    Label5.Text = sum(k, e, m)
End Sub
```

```
Private Function sum(ByVal kor As Integer, ByVal eng As Integer, ByVal math
As Integer) As Integer
    sum = kor + eng + math
End Function
```

실행 결과는 서브 프로시저를 사용하여 정의한 경우와 같다. 다른 점이 있다면 함수 프로시저는 결과를 반환하는 방법을 제공하므로, 세 과목의 점수의 합을 호출 프로시저에서 출력하도록 구현할 수 있다는 것이다.

10.4 매개 변수 전달 방법

프로시저 호출 시 프로시저 수행을 위해 실 매개 변수의 정보가 형식 매개 변수로 전달된다. 이때 실 매개 변수와 형식 매개 변수의 개수와 자료형은 동일해야 한다고 했다. 본 절에서는 호출 프로시저에서 피호출 프로시저에게 정보를 전달하는 방법에 대해서 좀 더 살펴본다.

<그림 10-5>는 프로시저 A가 프로시저 B를 호출할 때에 매개 변수들 간의 대응 관계를 보여 주고 있다.

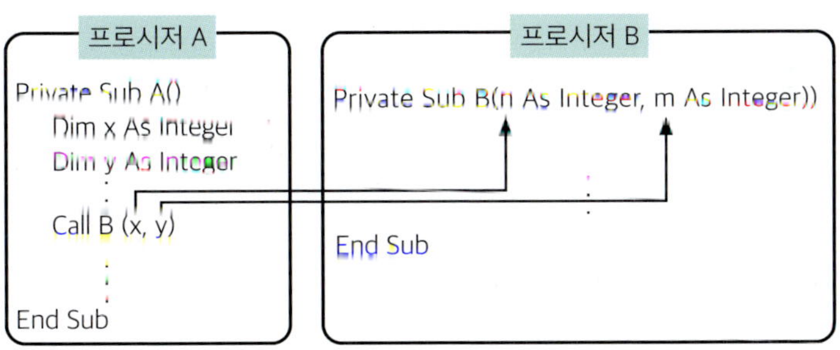

<그림 10-5> 매개 변수 전달 방법

프로시저 A의 변수 x의 정보는 프로시저 B의 변수 n에게로 전달되고, 프로시저 A의 변수 y의 정보는 프로시저 B의 변수 m에게로 전달된다. 이 때 어떤 정보가 전달되느냐에 따라 매개 변수 전달 방법은 [표 10-4]에서 보여 주는 것과 같이 값에 의한 호출(ByVal) 방식과 참조에 의한 호출(ByRef) 방식으로 나뉜다.

[표 10-4] 매개 변수 전달 방식

값에 의한 호출 (ByVal)	• 실 매개 변수의 값(Value)이 형식 매개 변수에게로 전달 됨 • 실 매개 변수와 형식 매개 변수는 서로 영향을 받지 않음
참조에 의한 호출 (ByRef)	• 실 매개 변수의 주소 값이 형식 매개 변수에게로 전달 됨 • 실 매개 변수와 형식 매개 변수는 동일한 기억장소를 가리키게 됨 • 피 호출 프로시저에서 이 기억장소의 값을 변경하게 되면 호출 프로시저도 영향을 받게 됨

만약 프로시저를 정의할 때 매개 변수 전달 방식을 표시하지 않으면 ByRef 방식으로 처리된다. [표 10-5]는 매개 변수 전달 방식의 몇 가지 예를 보여 주고 있다.

[표 10-5] 프로시저 호출 시 매개 변수 전달 방식의 예들

매개 변수 전달 방식의 예	결과	설명

Private Sub Button1_Click(ByVal sender As System.Object, ByVal e As System.EventArgs) Handles Button1.Click
    Dim x, y As Integer
    x = 10: y = 20
    Call a(x, y)
End Sub
 	
Private Sub a(ByVal i As Integer)
    i = 20
End Sub
	오류	실 매개 변수 a(x, y)와 형식 매개 변수 a(i As Integer)의 개수가 일치하지 않는다.

Private Sub Button1_Click(ByVal sender As System.Object, ByVal e As System.EventArgs) Handles Button1.Click
    Dim x As Integer
    x = 10
    Label1.Text = x
    Call a(x)
    Label2.Text = x
End Sub
 	
Private Sub a(ByVal i As Integer)
    i = 20
End Sub
	10
	10
		5행에서 실 매개 변수 x의 값이 8행에 있는 형식 매개 변수 i에 전달된다.
		변수 x와 i는 서로 다른 변수이다.

매개 변수 전달 방식의 예	결과	설명

Private Sub Button1_Click(ByVal sender As System.Object, ByVal e As System.EventArgs) Handles Button1.Click
    Dim x As Integer
    x = 10
    Label1.Text = x
    Call a(x)
    Label2.Text = x
End Sub
 	
Private Sub a(ByRef i As Integer)
    i = 20
End Sub
	10
	20
		5행에서 실 매개 변수 x의 주소가 8행에 있는 형식매개 변수 i에 전달된다.
		따라서 변수 x와 i는 같은 주소 공간을 가리킨다.

10.5 두 수의 합과 곱 출력하기

지금까지 배운 기능들을 사용하여 두 수를 입력받아 합과 곱을 출력하는 프로그램을 만들어 본다. 이때, 두 수의 합은 서브 프로시저로 구현하고 두 수의 곱은 함수 프로시저로 구현하여 처리해 본다. 폼의 구성은 <그림 10-6>과 같다.

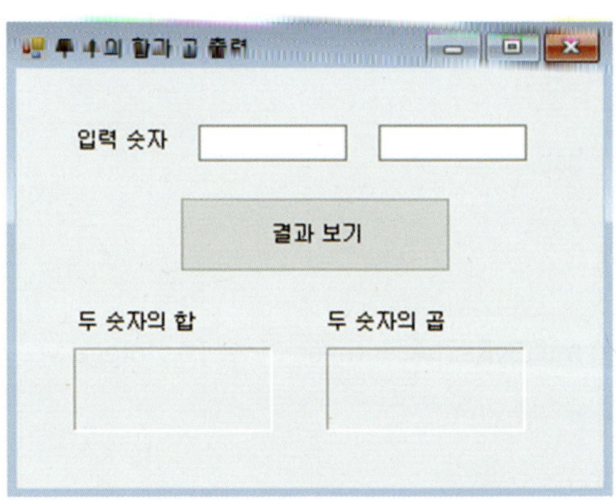

<그림 10-6> 두 수의 합과 곱을 출력하는 폼

이 폼에 사용된 컨트롤들의 속성은 [표 10-6]과 같다.

[표 10-6] 두 수의 합과 곱을 출력하는 컨트롤들의 속성들

컨트롤	이름	속성	속성 값
Label	Label1	Text	입력 숫자
	Label2	Text	두 숫자의 합
	Label3	Text	두 숫자의 곱
	Label4	BorderStyle	Fixed3D
	Label5	BorderStyle	Fixed3D
TextBox	TextBox1	Text	
	TextBox2	Text	
Button	Button1	Text	결과 보기

두 수를 입력받아서 합은 서브 프로시저로 구현하고 곱은 함수 프로시저를 구현하는 프로그램의 전체 소스 코드는 다음과 같다.

```
Public Class Form1

  Private Sub sum(ByVal a As Integer, ByVal b As Integer)
    Dim hab As Integer
    hab = a + b
    Label4.Text = hab
  End Sub

  Private Function mul(ByRef i As Integer, ByVal j As Integer)
    mul = i * j
  End Function
```

```
    Private Sub Button1_Click(sender As System.Object, e As
System.EventArgs) Handles Button1.Click
        Dim t1, t2 As Integer

        t1 = TextBox1.Text
        t2 = TextBox2.Text

        Call sum(t1, t2)

        Label5.Text = mul(t1, t2)
    End Sub

End Class
```

실행한 결과는 <그림 10-7>과 같다.

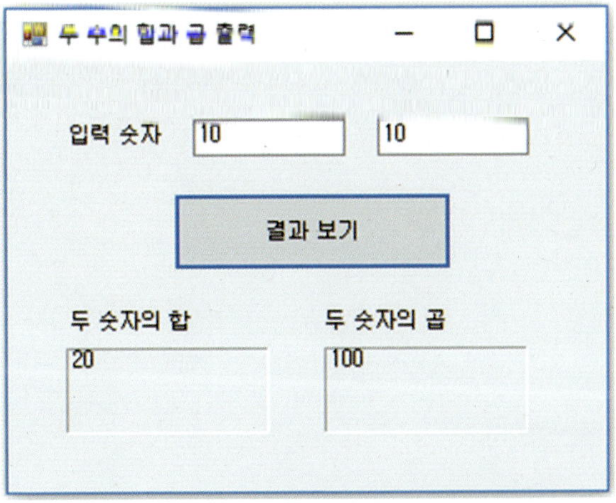

<그림 10-7> 두 수의 합과 곱을 출력하는 프로그램의 실행 결과

확인 학습 문제

1. 1부터 10까지의 짝수의 합을 구하는 서브 프로시저와 1부터 10까지의 홀수의 합을 구하는 함수 프로시저를 정의하고, 짝수의 합과 홀수의 합을 계산하여 출력하는 프로그램을 작성해 보자.

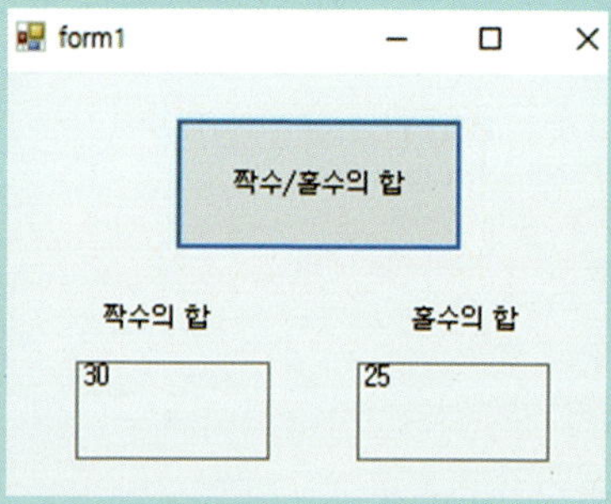

<컨트롤들의 속성>

컨트롤 이름	속성	속성 값
Button1	Text	짝수/홀수의 합
Label1	Text	짝수의 합
Label2	Text	홀수의 합
Label3	Text	
	BorderStyle	FixedSingle
Label4	Text	
	BorderStyle	FixedSingle

<프로그램의 수행 조건>

[짝수/홀수의 합] 버튼을 클릭하면 1부터 10까지 짝수의 합과 홀수의 합이 레이블에 출력되게 한다. 단, 짝수의 합은 서브 프로시저로 구현하고, 홀수의 합은 함수 프로시저로 구현한다.

2. 임의의 시작 값과 종료 값을 입력하여 두 값 사이의 모든 수들에 대한 합을 구하는 프로그램을 함수 프로시저를 사용하여 작성해 보자.

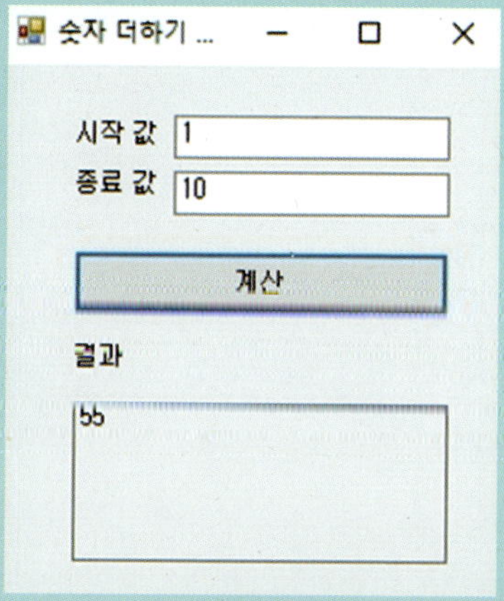

<컨트롤들의 속성>

컨트롤 이름	속성	속성 값
Form1	Text	숫지 더하기 프로그램
Label1	Text	시작 값
Label2	Text	종료 값
Label3	Text	결과
Label4	BorderStyle	FixedSingle
Button1	Text	계산

11장

계산기로 익히는 클래스와 객체 다루기

비주얼 베이직 2017은 객체 지향(Object-Oriented) 언어이다. 객체 지향 언어에서의 가장 핵심적인 단어는 클래스와 객체이다. 클래스(Class)는 프로그램에서 실제로 다루어질 객체(Object)들이 공통적으로 갖는 요소들, 즉 데이터들과 기능을 모아놓은 객체의 설계도라고 볼 수 있다. 각 객체들의 데이터를 저장할 '필드(Field)'와 기능을 구현해 놓은 '메소드(Method)'로 클래스를 구성하게 된다. 비주얼 베이직에서 필드는 '변수', 메소드는 '프로시저'로 나타낸다. 이 장에서는 이 클래스와 객체를 다루는 방법에 대해 알아본다.

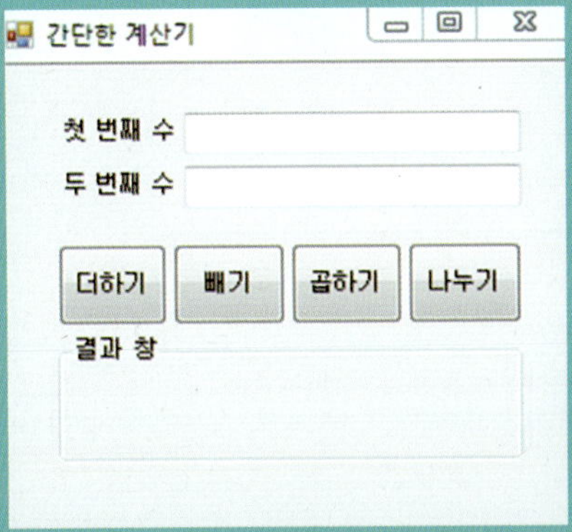

11.1 객체 지향 개념

존재하는 모든 실체들은 클래스라는 상위 개념으로 모델링할 수 있다. 예를 들어 사람들은 저마다 개별 특징이 있으며, 행위를 하면서 살아간다. 사람은 성별이라는 특징으로 남성과 여성을 구분 지을 수 있으며, 모든 사람은 각자의 체중 정보를 가지며, 또한 걷거나 말하는 행위를 한다. 걷고, 말하고, 성별을 가지며, 체중 값을 갖는 그것을 사람이라는 클래스로 추상화한다면, 성별이 '여자'이면서 체중이 '48Kg'이면서 걷고 말하는 실체는 사람 클래스의 객체이다. 비주얼 베이직 2017에서는 이 클래스와 객체의 개념을 이용하여 더욱 효율적으로 프로그램을 작성할 수 있게 되었다.

대부분의 프로그래밍 언어들은 이러한 객체 지향 개념을 직·간접적으로 지원하고 있다. 프로그래밍 언어들 중 C 언어는 지금까지 가장 널리 사용되어 오고 있는 절차 지향(Procedural Oriented) 언어이다. 절차 지향 언어에서는 프로그램을 문장 수행의 절차를 중시하는 방법으로 작성된다. 하지만 1990년대 이후 소프트웨어의 위기가 닥치면서 C++, Java와 같은 독립된 객체 관점에 초점을 맞춘 객체 지향 언어들이 나타나게 되었다. 객체 지향 언어는 절차 지향 언어가 가지고 있는 몇 가지 단점들을 보완하기 위해 크게 다음과 같은 두 가지 목적으로 탄생하였다.

1) 소프트웨어의 생산성을 크게 향상시킨다.

IT 산업이 발전하면서 소프트웨어의 생명 주기가 짧아졌는데, 이러한 이유는 어떤 제품이 기획되면 짧은 시간 내에 소프트웨어를 만들어 내야 했기 때문이다. 객체 지향 언어는 소프트웨어의 재사용을 위해서 상속, 다형성, 캡슐화 등의 여러 장치를 내장하고 있다. 이미 만든 클래스를 상속받거나 클래스를 재사용할 수 있으며, 특정한 부분의 수정을 통해서 소프트웨어를 다시 만드는 부담을 줄일 수 있다. 이는 소프트웨어의 생산성을 크게 향상시켰다.

2) 실세계에 대한 쉬운 모델링 능력을 제공한다.

예전의 소프트웨어는 수학 계산이나 통계를 처리하는 등 대체로 처리 과정이나 계산의 절차가 중요하여 절차 지향 언어가 매우 적합하였다. 그러나 요즘은 컴퓨터가 산업 전반에 활용됨에 따라 실세계에서 발생하는 일을 프로그래밍해야 할 일이 더욱 많아지게 되었다. 실세계의 일은 절차나 과정보다는 일과 관련된 많은 객체들의 상호 작용으로 묘사하는 것이 사람들이 이해하기가 더 쉽다. 이에 따라 실세계의 일을 보다 쉽게 프로그래밍하기 위해 객체를 중심으로 하는 객체 지향 언어가 나타나게 되었다.

비주얼 베이직도 버전 2010 이후 버전 2015, 버전 2017로 발전하면서 이러한 객체 지향 개념을 완전히 수용하였다. 비주얼 베이식 2017이 인터페이스와 프로그램 구조면에서 이전의 비주얼 베이직 6과 매우 유사해 보이겠지만, 사실 근본적인 개념은 아주 다른 언어이다. 가장 큰 차이는 비주얼 베이직 2017은 완전히 객체 지향 프로그래밍 언어라는 것이다. 즉, 비주얼 베이직 6에서도 그런 능력이 일부 제공되기는 했지만 완전한 객체 지향 언어는 아니었다. 완전한 객체 지향 언어가 되려면 캡슐화(Encapsulation), 상속(Inheritance), 그리고 다형성(Polymorphism)이라는 3가지 핵심 개념을 가지고 있어야 한다.

11.1.1 캡슐화(Encapsulation)

객체의 캡슐화란 독립적인 모듈을 만들어 사용한다는 말이다. 객체를 캡슐로 싸서 그 내부를 보호하여 직접적으로는 볼 수 없게 하는 것을 말한다. 객체는 처리용(Processing) 함수를 데이터와 한데 묶어 캡슐 형태로 정의한 것이다. 이러한 방법으로 사용자가 정의한 데이터 형을 클래스라고 한다.

클래스는 데이터를 구성하는 변수(Instance Variables)들과 이 데이터를 처리하는 메소드(Method)들의 집합으로 구성된다. 그리고 이 클래스의 인스턴스(Instance)를 객체(Object)라고 한다. 캡슐화의 궁극적인 목적은 각 객체 내의 데이터를 보호하고 외부로 부터의 접근을 제한하기 위한 것이다. 객체 내부의 데이터 접근을 외부로 부터 금지하는 것을 정보 은닉(Information Hiding)이라고 한다. 예를 들어 TV를 생각해 보자. TV의 내부는 캡슐화되고 On/Off 버튼, 밝기 조절 버튼, 채널 조절 버튼, 음량 조절 버튼 등이 있는 리모컨과 통신하는 부분만 노출되어 있다. 또한 세탁기의 경우도 마찬가지이다.

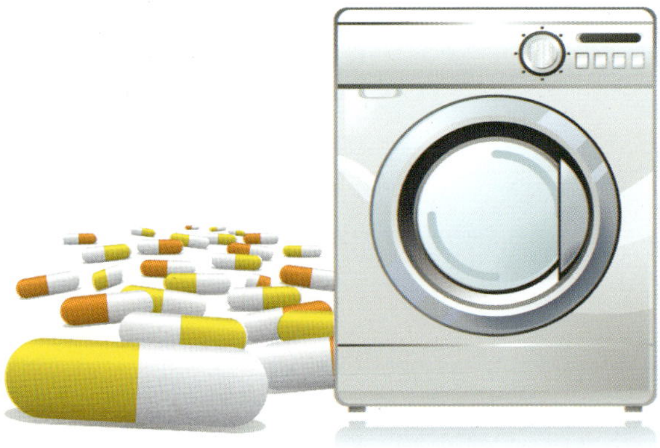

<그림 11-1> 캡슐화의 개념

이렇게 클래스를 정의할 때 캡슐화 개념을 도입하면 다음과 같은 장점들을 얻을 수 있다.

① **데이터의 보호:** 이용자가 데이터에 직접 접근하는 것을 차단하므로 객체 내 데이터 및 코드의 손상과 오용을 막고 안전하게 보호할 수 있다.

② **추상화의 용이:** 추상화를 통해 프로그래밍 문제를 쉽게 개념화할 수 있다.

③ **제공자와 이용자 분리:** 객체의 제공자와 객체의 사용자를 명확히 분리할 수 있다.

④ **이용자에게 편리성 제공:** 메소드의 구현 방법이 바뀌어도 이를 사용하는 데 큰 어려움이 없다.

⑤ **사용법이 쉬움:** 세탁기 버튼의 기능만 알면 사용할 수 있는 것처럼, 메소드의 기능만 알면 내부 구현을 잘 몰라도 객체를 사용할 수 있다.

⑥ **변화에 대한 국지적 영향:** 객체 내의 데이터 구조가 바뀌어도 다른 객체에는 영향을 주지 않는다.

⑦ **객체 간의 독립성 보장:** 캡슐화로 인해 객체 사이의 독립성이 구조적으로 보장된다.

⑧ **변경 용이성 증대:** 설계의 변경 등을 쉽게 해 준다.

⑨ **재사용성 증대:** 재사용성을 높여 준다.

11.1.2 상속(Inheritance)

클래스들은 계층(Hierarchy) 구조에 따라 조직되고 만들어진다. 그래서 클래스들은 이 계층에 따라 상위 클래스들로부터 하위 클래스로 구성요소들이 상속될 수 있다. 즉 어떤 클래스의 구조와 메소드가 아래 계층의 클래스에게로 그대로 승계될 수 있다는 것이다. 다시 말해 새로운 클래스를 정의할 때 기존의 클래스를 바탕(Base)으로 하여 새로운 클래스를 유도할 수 있다.

프로그래밍 과정에서 이 상속의 의미는 매우 유용하다. 아주 복잡한 시스템에 기능을 추가할 때 손쉽게 그것을 구현할 수 있게 해 주기 때문이다. 즉,

상위 클래스의 모든 요소를 상속받을 수 있어 복잡한 것을 전부 코딩할 필요 없이 더 필요한 데이터나 함수를 상위 단계의 클래스에 추가하기만 하면 된다. 이러한 클래스의 상속을 통한 재사용이야말로 객체 지향 언어의 가장 큰 장점이다.

일상에서 상속은 '부모에게서 재산을 상속받는다'라는 말로 많이 사용된다. 즉, 무언가를 물려받는다는 의미이다. 이처럼 객체 지향에서도 상위 클래스(Super Class)의 모든 것을 하위 클래스(Sub Class)가 물려받아 내 것처럼 사용할 수 있다. 이때 물려주는 클래스를 상위 클래스 또는 부모(Parent) 클래스라고 하고, 물려받는 클래스를 하위 클래스 또는 자식(Child) 클래스라고 한다.

아주 간단한 예를 들어 보기로 한다. 자동차의 휠을 바꾸고 싶다고 하자. 그럼 우리는 그냥 기존 휠을 원하는 휠로 교체하기만 하면 된다. 만약 이것이 가능하지 않다면, 우리가 직접 복잡한 자동차를 모두 조립하여 만든 후, 마지막에 원하는 휠을 장착해야 한다. 실제로 이는 거의 불가능한 일이다. 그러나 수리된 자동차에 수리 전 자동차의 모든 것들이 상속되기 때문에 우리는 기존 자동차를 가져다가 그냥 휠만 새로 교체하면 되는 것이다.

이렇게 상속 개념을 사용하면 다음과 같은 장점을 얻을 수 있다.

① **이해의 용이성:** 개별 클래스를 상속 관계로 묶음으로써 클래스들 간의 체계화된 전체 구조를 파악하기 쉽다.

② **재사용성 증대:** 데이터와 메소드의 중첩(Overloading)을 피하고 기존 클래스에 있는 것을 재사용할 수 있다.

③ **확장의 용이성:** 새로운 클래스, 데이터, 메소드를 추가하기가 쉽다.

④ **유지·보수의 용이성:** 데이터와 메소드를 변경할 때 상위에 있는 것만 수정함으로써 전체적으로 일관성을 유지할 수 있다.

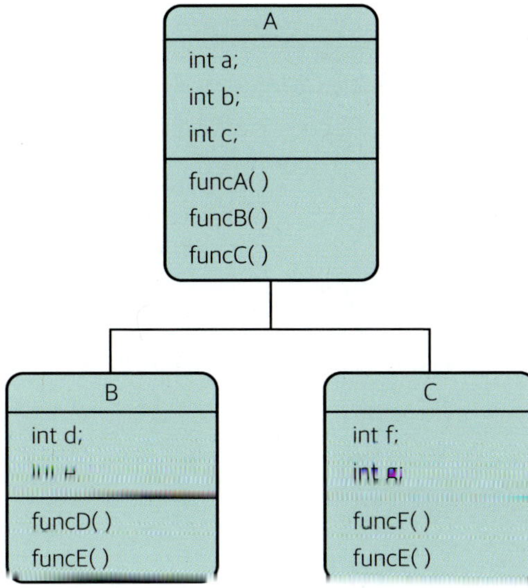

<그림 11-2> 상속

11.1.3 다형성(Polymorphism)

다형성이라는 단어는 원래 '여러 개의 형태를 갖는다'라는 의미의 그리스어에서 유래되었다. 또한 Poly(하나 이상)와 Morph(형태)가 합성된 단어로 하나 이상의 형태를 의미한다. 객체 지향 프로그래밍에서는 실행되기 전까지는 정확한 형태를 알 수 없는 객체도 만들 수 있다. 예를 들면, 프로그램의 상황에 따라 화면의 커서가 화살표에서 단순 직선으로 변하게 할 수 있다. 마우스의 움직임에 따라 화면상에서 커서를 움직이는 서브 프로시저는 아마 "cursor"라는 이름이 될 텐데, 이 다형성 때문에 커서의 모양이 어떠하든지 필요한 기능을 같이 가질 수 있다.

아래 <그림 11-3>과 같이 강아지, 고양이, 닭, 오리는 모두 동물 클래스의 속성을 물려받았으며, 동물 클래스의 속성 중 '소리내기' 메소드가 있다고 가정해 보자. 이 경우에 강아지, 고양이, 닭, 오리에 구현되어 있는 '소리내기'는 각각 서로 다른 소리가 될 것이다.

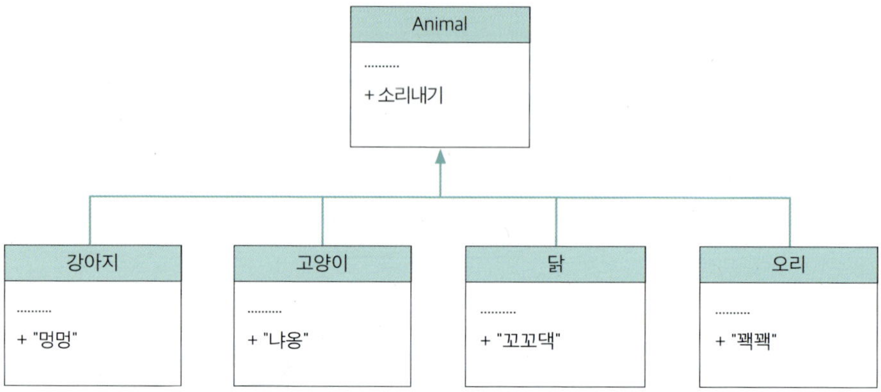

<그림 11-3> 다형성의 개념

11.2 비주얼 베이직 2017의 객체 지향성

비주얼 베이직 6은 완벽한 객체 지향 언어라고는 할 수 없는데, 이는 상속이 가능하지 않기 때문이다. 물론 그 비슷한 기능을 가지고 있기는 하다. 그러나 비주얼 베이직 2017은 기능적으로 완전한 객체 지향 언어이다. 초기 버전의 비주얼 베이직들이 동작(Action)에 더 집중했다면 비주얼 베이직 2010 이후의 버전은 데이터 그 자체에 집중한다는 점에서 확연히 다르다. 그래서 비주얼 베이직 2010 이전의 비주얼 베이직을 절차 지향 또는 구조적(Structured) 언어라 한다. C, 파스칼, 포트란 등이 이런 종류의 언어들이다.

비주얼 베이직 2017은 사용자가 프로그램을 모듈별로 나누어 프로그래밍할 수 있게 한다. 이런 모듈은 실제 생활에서의 사물(개체, 객체, Object)을 의미할 수 있으며, 비주얼 베이직 프로그램에서는 클래스로 정의된다. 그리고 각 객체는 해당 클래스에서 만들어 지는데, 이것을 클래스의 인스턴스라고 한다. 또한 클래스는 서브 클래스를 가질 수 있다. 예를 들어 사과나무 클래스는 식물 클래스의 서브 클래스이고 산에 있는 사과는 사과나무 클래스의 인스턴스(Instance, 실제)가 된다. 또 다른 예로, 학생 클래스는 인간 클래스의 서브 클래스이고 홍길동은 이 학생 클래스의 인스턴스가 된다.

이러한 클래스를 정의할 때에는 내부를 캡슐화 한다. 캡슐화란 앞에서 언급했지만 사실 객체 지향 프로그램에서 처음 나온 개념은 아니다. 우리의 일상생활에서도 캡슐화 개념을 자주 사용하고 있다. 간단한 예를 들어 보자. 기차표 검표원이 손님이 가지고 있는 기차표를 검사한다고 하자. 검표원은 오늘 날짜 기차표인지, 해당 열차의 기차표인지 등을 먼저 검사한다. 그리고 이 표가 이 손님 소유인지도 살핀다. 검사를 통과하게 되면 기차표에 통과 표시를 하게 되는데, 천공기로 구멍을 뚫을 수도 있고 매직펜으로 V자를 표시할 수도 있다. 즉, 검표원의 행동은 기차표의 데이터 확인, 손님의 데이터 확인, 그리고 두 개를 비교하는 행동, 통과 시키는 행동 등이 한꺼번에 일어나게 된다. 이것을 따로 분리해서는 의미가 없다. 이런 것들이 하나의 캡슐에 싸여 있는 것이다. 즉, 이렇게 여러 것들이 함께 묶여 외부로 부터 숨겨진 형태가 캡슐화이며 이는 일상의 많은 현상에서 발견될 수 있다.

객체 지향 언어의 출발은 이렇게 프로그래밍이라는 추상적 과정을 실생활에서 실제 수행하는 것처럼 하자는 아이디어에서 출발하였다. 실생활에서는 캡슐화하여 일이 진행되는데 어떻게 이것을 모방하려는 객체 지향 언어가 캡슐화를 하지 않을 수 있겠는가? 상속의 개념도 마찬가지이다.

비주얼 베이직 2017에서 클래스는 메소드(함수 프로시저, 서브 프로시저) 뿐만 아니라 데이터들로 구성된다. 비주얼 베이직 2017에서 보자면, 사람 클래스를 정의하기 위한 프로그램 구조는 다음과 같이 될 것이다.

```
Public Class Human

    '데이터 멤버
    Private Name As String
    Private Birthdate As String
    Private Gender As Stirng
    Private Age As Integer

    '메소드 멤버
    Overridable Sub ShowInfo()
    MessageBox.Show(Name)
    MessageBox.Show(Birthdate)
    MessageBox.Show(Gender)
    MessageBox.Show(Age)
    End Sub

End Class
```

이렇게 사람 클래스를 만든 후에는 사람 클래스로 부터 특징 혹은 정보를 상속하는 새로운 서브 클래스를 만들 수 있다. 예를 들어, 학생 클래스를 새로 만들 수 있다. 이때 학생 클래스에서는 사람 클래스에서 이미 정의한 데이터 멤버를 또 정의할 필요가 없다. 사람 클래스와 다른 것만 따로 정의하면 된다. 예를 들어, 학생의 학생증 번호나 집 주소가 되겠다. 이 경우 학생 클래스의 코드는 다음과 같이 될 것이다.

```
Public Class Student   Inherits Human

    Public StudentID As String
    Public Address As String

    Override Sub ShowInfo()
    MessageBox.Show(StudentID)
    MessageBox.Show(Address)
    End Sub

End Class
```

11.3 클래스를 이용한 간단한 계산기 만들기

지금까지 배워 온 비주얼 베이직 2017의 클래스 개념을 바탕으로 계산기 클래스를 정의하여 간단한 계산기 프로그램을 만들어 본다.

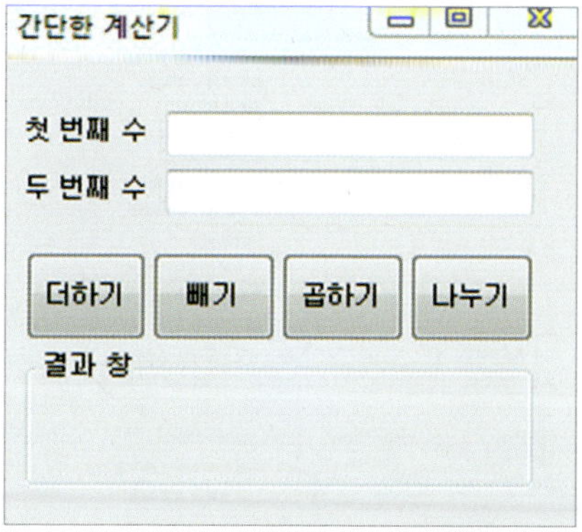

<그림 11-4> 클래스를 이용한 간단한 계산기 기본 폼

우선 <그림 11-4>와 같이 계산기 프로그램의 기본 폼을 작성한다. 폼에 나타나는 컨트롤들의 속성은 [표 11-1]을 참고하여 작성한다.

[표 11-1] 계산기 프로그램의 컨트롤 속성들

컨트롤	이름	속성	속성 값
Form	Form1	Text	간단한 계산기
Label	Label1	Text	첫 번째 수
	Label2	Text	두 번째 수
	Label3	TextAlign	MiddleCenter
Button	Button1	Text	더하기
	Button2	Text	빼기
	Button3	Text	곱하기
	Button4	Text	나누기
GroupBox	GroupBox1	Text	결과 창

이제 프로젝트 메뉴의 클래스 추가(D)를 클릭하여 <그림 11-5>와 같이 프로젝트에 새 클래스를 추가하여 새 항목 추가 대화 상자가 표시되도록 한다.

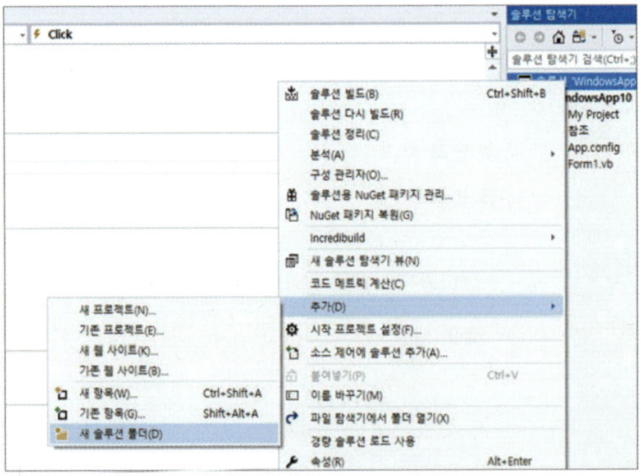

<그림 11-5> 클래스를 추가하는 과정

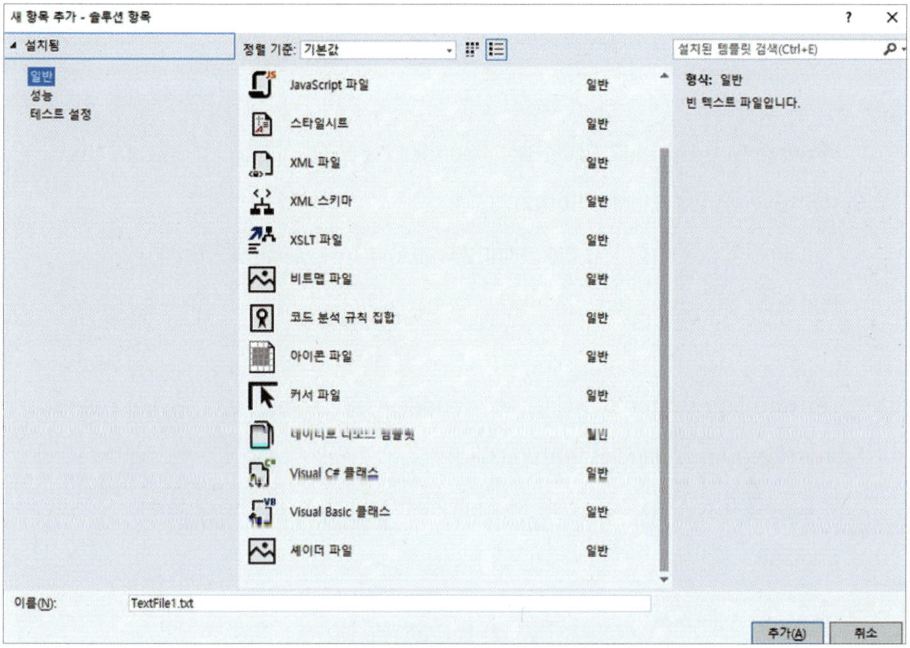

<그림 11-6> 클래스를 정의하는 과정

<그림 11-6>과 같이 클래스의 이름은 calculator1로 정의한 다음에 추가 버튼을 눌러 클래스를 추가한다. Class1.vb에 아래와 같은 클래스 변수 선언 내용을 작성하고 클래스 내에 Calc_Plus, Calc_Minus, Calc_Multiply, Calc_Divide 메소드를 선언하는 소스 코드를 작성한다.

Class1.vb에 저장되는 프로그램의 소스 코드는 다음과 같다.

```
Public Class Form1
  Dim Cal_Class As New calculator1

    Private Sub Button1_Click(ByVal sender As System.Object, ByVal e As
System.EventArgs) Handles Button1.Click
      Label3.Text = Cal_Class.Calc_Plus(TextBox1.Text, TextBox2.Text)
```

```
    End Sub

    Private Sub Button2_Click(ByVal sender As System.Object, ByVal e As
System.EventArgs) Handles Button2.Click
        Label3.Text = Cal_Class.Calc_Minus(TextBox1.Text, TextBox2.Text)
    End Sub

    Private Sub Button3_Click(ByVal sender As System.Object, ByVal e As
System.EventArgs) Handles Button3.Click
        Label3.Text = Cal_Class.Calc_Multiply(TextBox1.Text, TextBox2.Text)
    End Sub

    Private Sub Button4_Click(ByVal sender As System.Object, ByVal e As
System.EventArgs) Handles Button4.Click
        Label3.Text = Cal_Class.Calc_Divide(TextBox1.Text, TextBox2.Text)
    End Sub

    Private Sub Form1_Load(sender As System.Object, e As System.EventArgs)
Handles MyBase.Load

    End Sub

    Private Sub GroupBox1_Enter(sender As System.Object, e As System.
EventArgs) Handles GroupBox1.Enter

    End Sub
End Class
```

주요 프로그램의 소스 코드는 다음과 같다.

```
Public Class calculator1
    Public Plus As Integer
    Public Minus As Integer
    Public Multiply As Double
    Public Divide As Double

    ' sub plus 선언
    Public Function Calc_Plus(ByVal FirstNum As Integer, ByVal SecondNum As Integer)
        Plus = FirstNum + SecondNum
        Return Plus
    End Function

    ' sub Minus 선언
    Public Function Calc_Minus(ByVal FirstNum As Integer, ByVal SecondNum As Integer)
        Minus = FirstNum - SecondNum
        Return Minus
    End Function

    ' sub Multiply 선언
    Public Function Calc_Multiply(ByVal FirstNum As Integer, ByVal SecondNum As Integer)
        Multiply = FirstNum * SecondNum
        Return Multiply
    End Function
```

```
    ' sub Divide 선언
    Public Function Calc_Divide(ByVal FirstNum As Integer, ByVal SecondNum
As Integer)
        Divide = FirstNum / SecondNum
        Return Divide
    End Function

End Class
```

프로그램의 실행 결과는 다음 <그림 11-7>과 같다.

<그림 11-7> 클래스를 이용한 계산기 프로그램의 실행 결과

11.4 다른 클래스를 호출하여 상속받는 프로그램 제작하기

우리는 지금까지 하나의 객체가 있을 때, 그 객체와 유사한 새로운 객체를 생성해야 하는 경우에 처음부터 새롭게 만들었었다. 이는 매우 번거로운 일이다. 이러한 일은 상속을 통해 보다 쉽게 해결할 수 있다. 여기서는 기존 객체를 확장하여 새로운 객체를 만들 수 있는 방법을 알아본다. 다음 <그림 11-8>과 같이 간단한 자동차 정보를 입력받은 프로그램을 만드는 과정을 통해 이 기능을 익혀 본다.

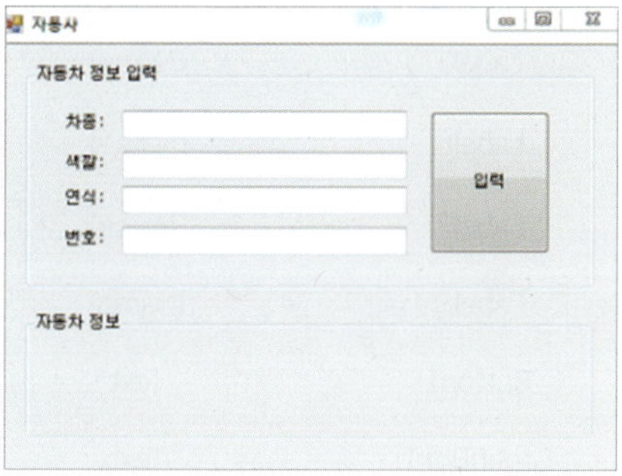

<그림 11-8> 자동차 정보 입력 기본 폼

우리는 우선 클래스의 상속을 구현함으로써 체계적 계층 구조를 만들 수 있는데, 기존에 만들어져 있는 클래스에 새로운 기능을 추가하여 기능이 향상된 클래스를 만들고, 각각의 클래스 간에 상하 관계를 연결하는 기능을 구현해 본다. 즉, 자동차 정보에 대한 차종, 색깔, 연식에 대한 객체를 가지는 Car 클래스를 만들고, Car 클래스를 상속받아 자동차 번호에 대한 객체를 추가해서 사용하는 Number 클래스를 생성하여 자동차에 대한 정보를 입력받아 화면에 나타내 주는 간단한 프로그램을 만들어 본다.

자동차 정보를 상속받는 클래스를 구현하는 프로그램의 컨트롤 속성은 [표 11-2]와 같다.

[표 11-2] 자동차 정보 입력 프로그램의 컨트롤 속성들

컨트롤	이름	속성	속성 값
Form	Form1	Text	자동차
Label	Label1	Text	차종:
	Label2	Text	색깔:
	Label3	TextAlign	연식:
	Label4	Text	번호:
	Label5	(Name)	Label5
	Label6	(Name)	Label6
	Label7	(Name)	Label7
	Label8	(Name)	Labe8
Button	Button1	Text	입력
GroupBox	GroupBox1	Text	자동차 정보 입력
	GroupBox2	Text	자동차 정보
TextBox	TextBox1	(Name)	TextBox1
	TextBox2	(Name)	TextBox2
	TextBox3	(Name)	TextBox3
	TextBox4	(Name)	TextBox4

여기서 상속을 부여하는 Car 클래스를 상위(Super) 클래스 또는 부모(Parent) 클래스라고 부르고 직접 상속받는 클래스를 하위(Sub) 클래스 또는 자식(Child) 클래스 혹은 파생(Derived) 클래스라고 부른다. 하위 클래스는 상위 클래스의 속성이나 메소드 및 이벤트 등을 상속받아 확장할 수 있으며, 상속된 메소드를 재정의할 수도 있다. Car 클래스와 Number 클래스를 추가하고 정의하는 과정은 <그림 11-9>와 <그림 11-10>과 같다.

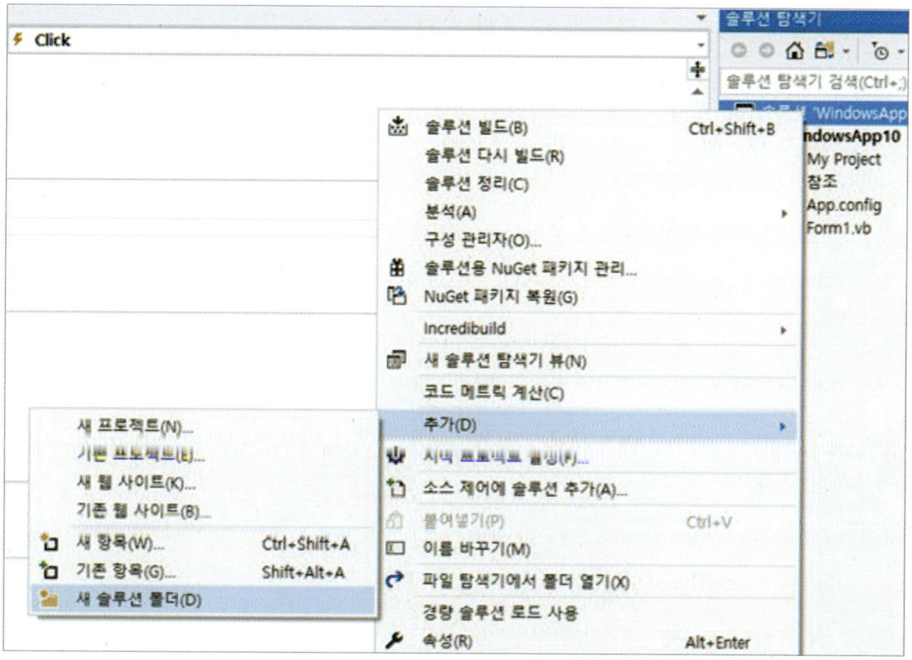

<그림 11-9> 클래스를 추가하는 과정

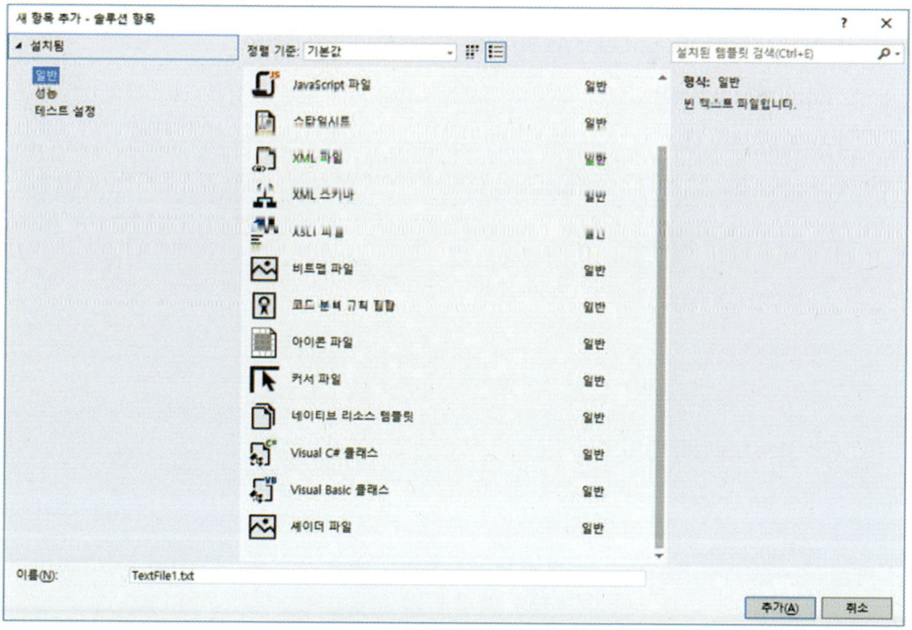

<그림 11-10> 클래스를 정의하는 과정

Car 클래스의 소스 코드는 다음과 같다.

```
Public Class Car
    Private CarType As String
    Private Color As String
    Private Age As String

    Sub SetCarType(ByVal StrCarType As String)
        CarType = StrCarType
    End Sub

    Sub SetColor(ByVal StrColor As String)
        Color = StrColor
    End Sub

    Sub SetAge(ByVal StrColor As String)
        Age = StrColor
    End Sub

    Function GetCarType()
        Return CarType
    End Function

    Function GetColor()
        Return Color
    End Function

    Function GetAge()
```

```
        Return Age
    End Function

End Class
```

Car 클래스를 상속받아 자동차 번호를 추가하는 Number 클래스의 소스 코드는 다음과 같다.

```
Public Class Number1
    Inherits Car

    Private CarNumber As String

    Sub SetCarNumber(ByVal StrCarNumber As String)
        CarNumber = StrCarNumber
    End Sub

    Function GetCarNumber()
        Return CarNumber
    End Function

End Class
```

자동차에 대한 정보를 입력받아 화면에 보여 주는 주 프로그램의 소스 코드는 다음과 같다.

```
Public Class Form1

    Dim car1 As New Number1

    Private Sub Button1_Click(ByVal sender As System.Object, ByVal e As
System.EventArgs) Handles Button1.Click

        car1.SetCarType(TextBox1.Text)
        car1.SetColor(TextBox2.Text)
        car1.SetAge(TextBox3.Text)
        car1.SetCarNumber(TextBox4.Text)

        Label5.Text = "차종: " & car1.GetCarType
        Label6.Text = "색깔: " & car1.GetColor
        Label7.Text = "연식: " & car1.GetAge
        Label8.Text = "번호: " & car1.GetCarNumber
    End Sub

    Private Sub GroupBox1_Enter(sender As System.Object, e As System.
EventArgs) Handles GroupBox1.Enter

    End Sub

    Private Sub Form1_Load(sender As System.Object, e As System.
```

```
EventArgs) Handles MyBase.Load

    End Sub

End Class
```

프로그램의 실행 결과는 다음 <그림 11-11>과 같다.

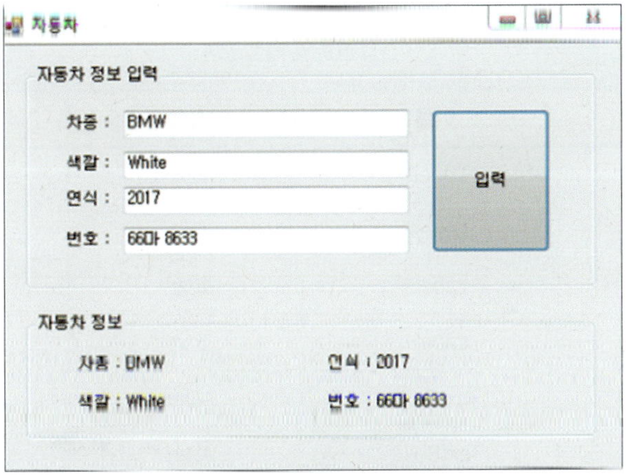

<그림 11-11> 자동차 정보 프로그램의 실행 결과

확인 학습 문제

1. 객체와 클래스의 차이점을 설명해 보자.

2. 객체 지향 언어의 특징을 설명해 보자.

3. 클래스의 상속을 이용하여 이름, 국어, 영어, 수학 점수를 입력받아 평균을 구하는 프로그램을 작성해 보자. 두 개의 클래스를 만들어 Classs1 클래스에는 name, kor, mat, eng 변수 타입만 정의하고, Class2 클래스에서 Class1을 상속받아 평균을 계산하는 기능을 정의해 보자. 두 소스 코드에서 다음 실행 결과와 같이 출력되도록 프로그램을 작성해 보자.

<컨트롤들의 속성 값>

컨트롤	이름	속성	속성 값
Label	Label1	Text	이름
	Label2	Text	국어
	Label3	Text	영어
	Label4	Text	수학
TextBox	TextBox1	Align	Center
	TextBox2	Align	Center
	TextBox3	Align	Center
	TextBox4	Align	Center
Button	Button1	Text	평균 계산

<실행 결과>

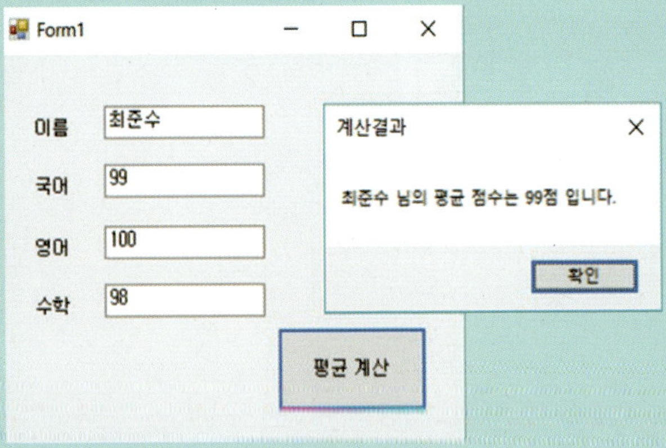
Form1
이름
최준수
국어
99
영어
100
수학
98
평균 계산
계산결과
최준수 님의 평균 점수는 99점 입니다.
확인

<클래스 구조도>

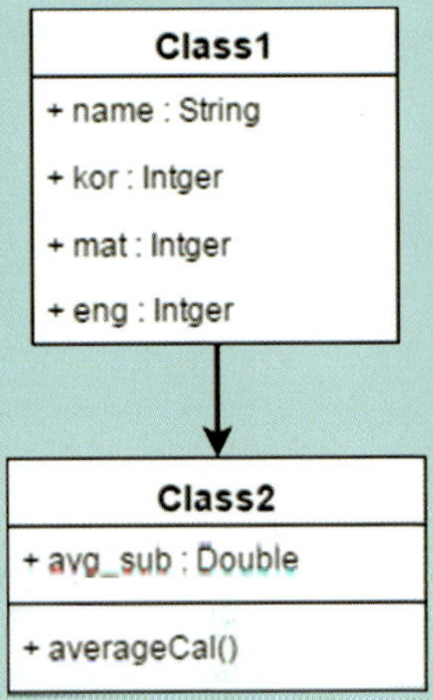
Class1
+ name : String
+ kor : Intger
+ mat : Intger
+ eng : Intger
Class2
+ avg_sub : Double
+ averageCal()

12장

다양한 응용 프로그램 만들기

이 장에서는 지금까지 배워 온 비주얼 베이직의 개념과 문법을 바탕으로 두 가지 간단한 응용 프로그램을 만들어 본다. 먼저 게임 프로그램을 만들어 보고 다음으로 도서 검색 프로그램도 만들어 본다.

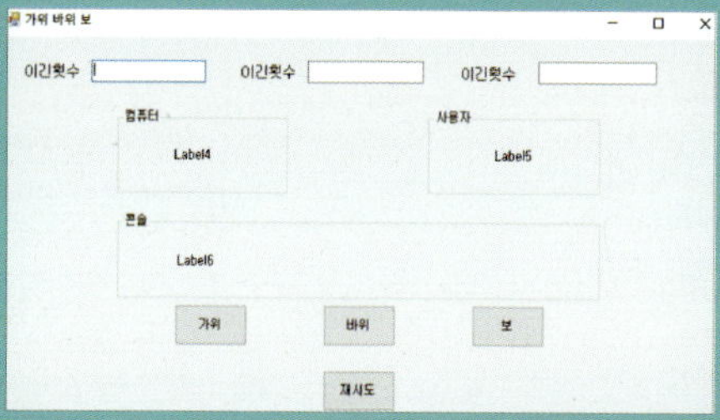

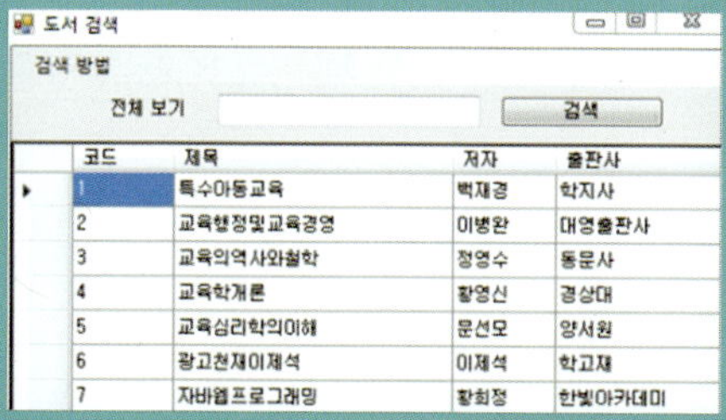

12.1 가위/바위/보 게임 프로그램 만들기

난수 발생 함수 Rnd()를 이용하여 가위/바위/보 게임 프로그램을 만들어 본다. 컴퓨터와 사용자가 서로 가위/바위/보를 내면 이긴 횟수와 진 횟수, 그리고 승률을 계산해 주는 프로그램을 만들어 본다. 난수 발생 함수 Rnd()를 사용하여 어떤 것이 나올지 모르는 상황에서, 컴퓨터와 가위/바위/보 게임을 할 수 있도록 한다.

<그림 12-1> 가위/바위/보 게임의 폼

이 프로그램은 <그림 12-1>과 같은 폼을 사용한다. 이 폼이 로드(Load)될 때 가위/바위/보 버튼이 활성화되고, 재시도 버튼은 비활성화된 상태로 시작된다. 사용자가 컴퓨터와 대결하는 게임으로 진행되며, 가위/바위/보 버튼 중 하나를 누를 경우에 화면에 "이겼습니다", "비겼습니다", "졌습니다"라는 메시지를 띄워 준다. 그리고 이긴 횟수와 진 횟수를 누적시켜 승률이 계산되게 한다. 컴퓨터는 함수 Rnd()로 난수를 발생시켜 rand 변수에 저장한 후에 사용자가 가위/바위/보 버튼 중 하나를 눌렀을 때, 이것을 서로 비교하여 승패를 나타낸다. 이를 위해 사용자가 가위를 눌렀을 경우, Select ~ Case 문을 이용하여 rand 변수의 값과 비교하여 승패를 결정한다. 승률은 이긴 횟수 / (이긴 횟수 + 진 횟수) * 100 식을 사용하여 계산한다.

이 폼에 나타나는 컨트롤들의 주요 속성들은 [표 12-1]과 같다.

[표 12-1] 가위 바위 보 폼의 컨트롤 속성들

컨트롤 이름	속성	속성 값
Label1	Text	이긴 횟수
Label2	Text	진 횟수
Label3	Text	승률
Label4	Text	Label1
Label5	Text	Label1
Label6	Text	Label2
TextBox1	TextAlign	Center
	(Name)	wint
TextBox2	TextAlign	Center
	(Name)	loset
TextBox3	TextAlign	Center
	(Name)	winalose
Button1	(Name)	sys
	Text	가위
Button2	(Name)	roc
	Text	바위
Button3	(Name)	pap
	Text	보
Button4	(Name)	retry
	Text	재시도

다음과 같은 소스 프로그램을 작성한다.

```
Public Class Form1
   Public rand, win, lose As Single

    Private Sub Form1_Load(sender As System.Object, e As System.EventArgs)
Handles MyBase.Load
        comp.Text = ""
        cons.Text = "가위 바위 보 중 하나를 눌러 주세요~"
        user.Text = ""
        retry.Visible = False         '재도전 버튼 감추기
        rand = Int((3 * Rnd()) + 1)   '1,2,3 랜덤으로 수를 발생시켜 rand 변수에 저장
        win = 0                    '이긴 횟수 = 0
        lose = 0                   '진 횟수 = 0
   End Sub

    Private Sub sys_Click(sender As System.Object, e As System.EventArgs)
Handles sys.Click
        retry.Visible = True
        sys.Enabled = False
        roc.Enabled = False
        pap.Enabled = False
        user.Text = "가위"           '가위를 클릭했을 때
        Select Case rand
           Case 1
               comp.Text = "가위"
               cons.Text = "비겼습니다!"
```

```
        Case 2
            comp.Text = "바위"
            cons.Text = "졌습니다. ㅠㅠ"
            lose = lose + 1
        Case 3
            comp.Text = "보"
            cons.Text = "이겼습니다!!^^*"
            win = win + 1
    End Select
    wint.Text = win
    loset.Text = lose
    winalose.Text = win / (win + lose) * 100
  End Sub

  Private Sub roc_Click(sender As System.Object, e As System.EventArgs)
Handles roc.Click
    retry.Visible = True
    sys.Enabled = False
    roc.Enabled = False
    pap.Enabled = False
    user.Text = "바위"          '바위를 클릭했을 때
    Select Case rand
        Case 1
            comp.Text = "가위"
            cons.Text = "이겼습니다!!^^*"
            win = win + 1
        Case 2
```

```
            comp.Text = "바위"
            cons.Text = "비겼습니다!"
        Case 3
            comp.Text = "보"
            cons.Text = "졌습니다. ㅠㅠ"
            lose = lose + 1
    End Select
    wint.Text = win
    loset.Text = lose
    winalose.Text = win / (win + lose) * 100
End Sub

  Private Sub pap_Click(sender As System.Object, e As System.EventArgs)
Handles pap.Click
    retry.Visible = True
    sys.Enabled = False
    roc.Enabled = False
    pap.Enabled = False
    user.Text = "보"          '보를 클릭했을 때
    Select Case rand
        Case 1
            comp.Text = "가위"
            cons.Text = "졌습니다. ㅠㅠ"
            lose = lose + 1
        Case 2
            comp.Text = "바위"
            cons.Text = "이겼습니다!!^^*"
```

```
                win = win + 1
            Case 3
                comp.Text = "보"
                cons.Text = "비겼습니다!"
        End Select
        wint.Text = win
        loset.Text = lose
        winalose.Text = win / (win + lose) * 100
    End Sub

    Private Sub retry_Click(sender As System.Object, e As System.EventArgs)
Handles retry.Click
        sys.Enabled = True
        roc.Enabled = True
        pap.Enabled = True
        retry.Visible = True
        comp.Text = ""
        cons.Text = "가위 바위 보 중 하나를 눌러 주세요~^^*"
        user.Text = ""
        rand = Int((3 * Rnd()) + 1)
    End Sub

End Class
```

12.2 도서 검색 프로그램 만들기

데이터베이스에 입력되어 있는 도서들을 <그림 12-2>와 같이 전체, 저자, 제목으로 검색할 수 있는 도서 검색 프로그램을 만들어 본다. 즉, 초기 화면인 <그림 12-2(a)>에서 검색 방법을 선택한 후, 결과 화면인 <그림 12-2(b)>가 나타나도록 한다.

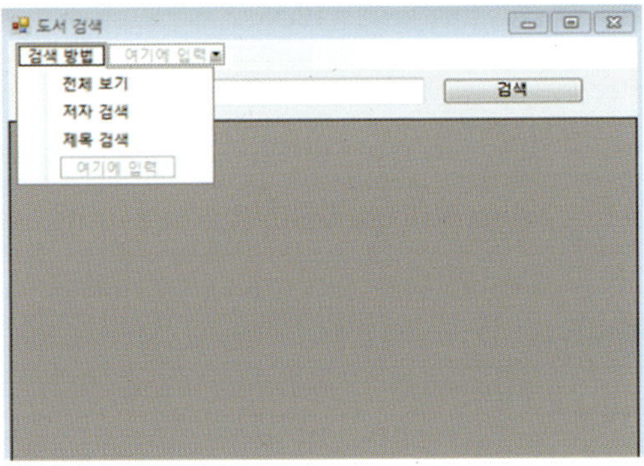

(a) 초기 화면(검색 방법 선택)

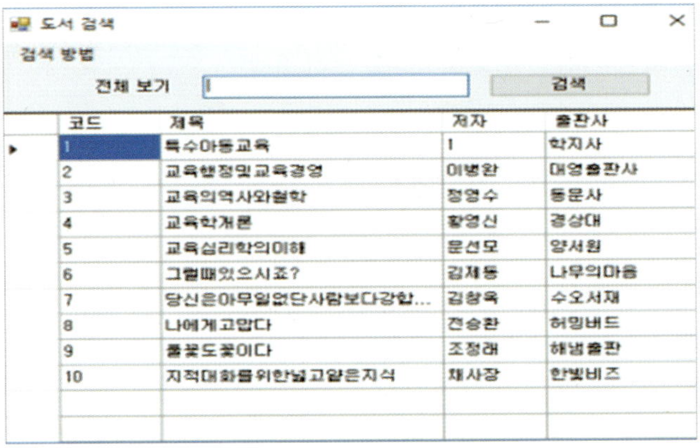

(b) 검색 결과 화면

<그림 12-2> 도서 검색 폼

12.2.1 도서 검색 프로그램의 기능

이러한 도서 검색 프로그램을 만들기 위해서는 도서 목록에서 검색하는 방법을 여러 가지로 사용하는 것이 필요하다. 우리는 도서를 검색하는 방법으로 전체 보기, 저자 검색, 제목 검색으로 구성하며, 각 기능은 <그림 12-3>과 같이 사용할 수 있도록 한다.

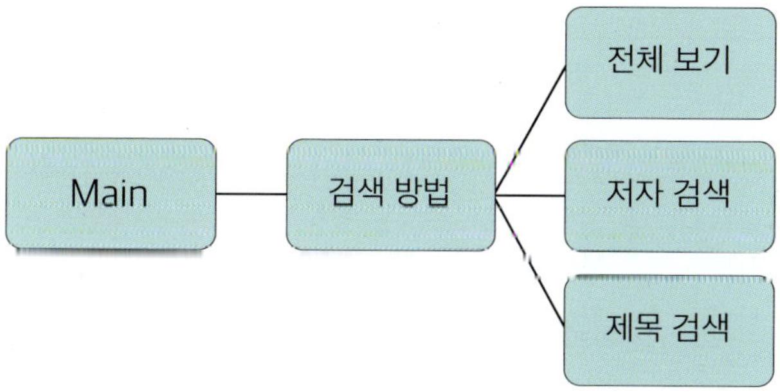

<그림 12-3> 도서 검색 프로그램의 구성도

이들 각 검색에 대한 기능의 정의는 아래와 같다.

- 전체 보기: 데이터베이스 내에 있는 도서 목록의 전체를 보여 준다.
- 저자 검색: 데이터베이스 내의 도서 목록에서 저자를 키로 검색한다.
- 제목 검색: 데이터베이스 내의 도서 목록에서 제목을 키로 검색한다.

12.2.2 도서 검색 프로그램의 화면 구성

도서 검색 프로그램을 구성하는 각 항목별 속성들은 [표 12-2]와 같으며, 도서 검색 프로그램의 화면 구성은 <그림 12-4>와 같다.

[표 12-2] 도서 검색 프로그램 컨트롤들의 속성

컨트롤	이름	속성	속성 값
Form	Form1	Text	도서 검색
Button	Button1	Text	검색
Label	Label1	Text	Label1
TextBox	TextBox1	(Name)	TextBox1
DataGridview	DataGridview1	(Name)	DataGridView1
MenuStrip	MenuStrip1	Text	검색 방법
ToolStripMemuItem	ToolStripMemuItem1	item	전체보기 저자검색 제목검색

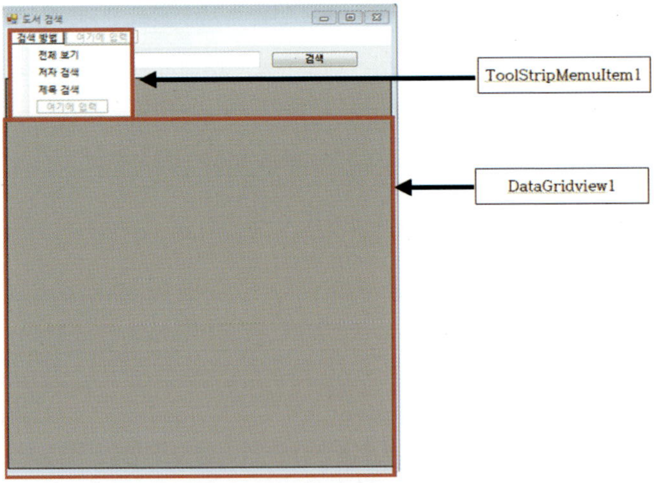

<그림 12-4> 도서 검색 프로그램의 화면 구성

여기서 ToolStripMemuItem은 전체 보기, 저자 검색, 제목 검색 기능이 구현되도록 배치한다. DataGridview는 도서를 검색하는 기준으로 전체로 목록 검색, 저자로 검색, 제목으로 검색했을 때, 각각 도서 목록들을 데이터베이스에서 가져와서 보여 주는 영역이다.

다음 <그림 12-5>는 데이터베이스에 저장되어 있는 자료 파일로 CustomerRecords 파일의 내용이다.

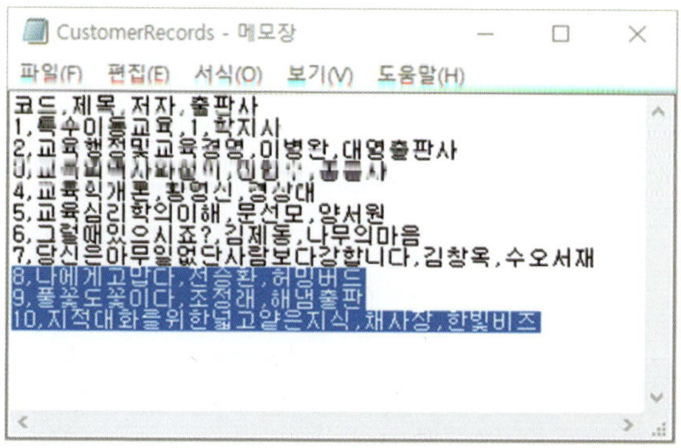

<그림 12-5> 데이터베이스를 위한 CustomerRecords 화일

다음 <그림 12-6>, <그림 12-7>, <그림 12-8>은 데이터베이스에서 각 검색 기능별로 검색된 결과를 보이고 있다.

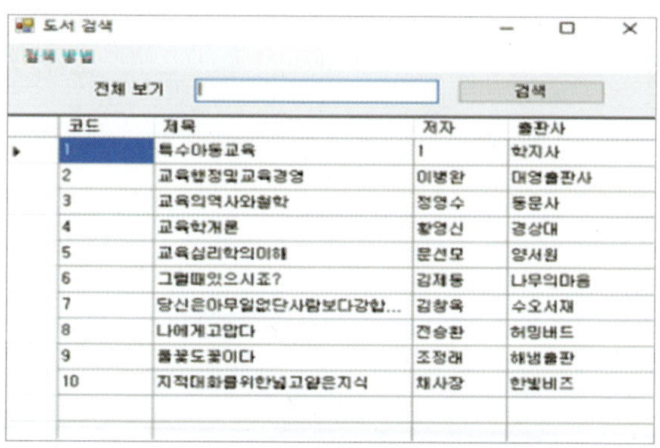

<그림 12-6> 도서 검색 프로그램(전체 검색)

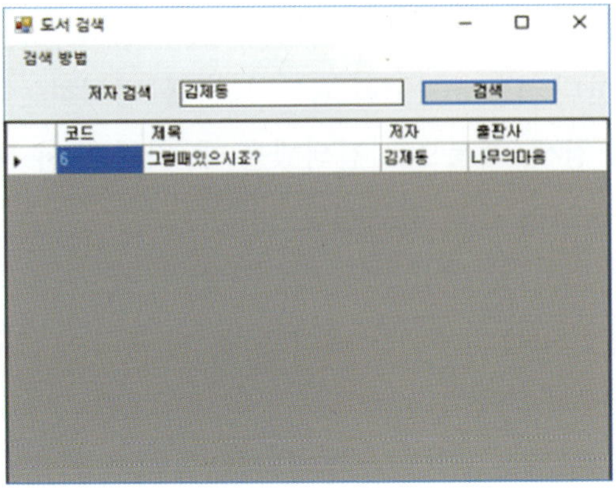

<그림 12-7> 도서 검색 프로그램(저자 검색)

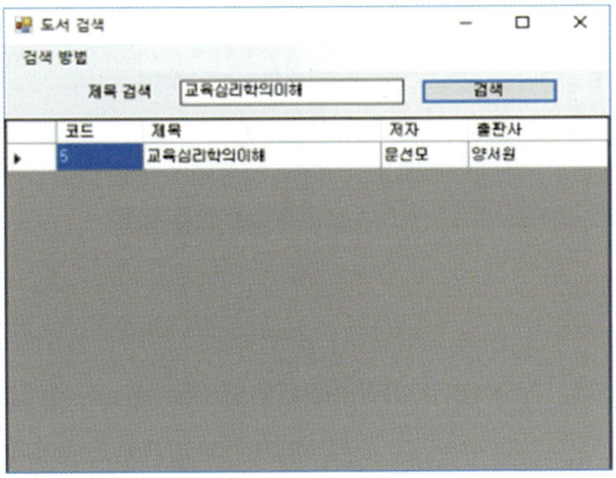

<그림 12-8> 도서 검색 프로그램(제목 검색)

도서 검색 프로그램을 처리하는 전체 소스 코드는 다음과 같다.

```
Imports System.IO
Imports System.String
Imports System.Net
Imports System.Data.OleDb

Public Class Form1
```

```
Public SearchMode As Integer
Public CustomerInfo = New DataTable("CustomerInfo")

Public Sub Bind_Grid_CustomerInfo(ByVal DT As DataTable)
    Try
        DataGridView1.DataSource = DT
        DataGridView1.Refresh()
    Catch ex As Exception
    End Try
End Sub

Public Function GetCsvData(ByVal strFolderPath As String, ByVal
strFileName As String, ByVal SearchValue As String, ByVal mode As
Integer) As DataTable
    Try
        'CharacterSet=65001 will needed for UTF-8 settings
            Dim strConnString As String = "Provider=Microsoft.Jet.
OLEDB.4.0; Data Source = " & strFolderPath & "; Extended
Properties = 'text; HDR = Yes; FMT = Delimited; CharacterSet =
65001;"
        Dim conn As New OleDbConnection(strConnString)
        Try
            conn.Open()
            Dim cmd As OleDbCommand

            If mode = 1 Then
                    cmd = New OleDbCommand("SELECT * FROM
```

```
[" & strFileName & "]", conn)
            End If
            If mode = 2 Then
                cmd = New OleDbCommand("SELECT * FROM
[" & strFileName & "] where 저자 = '" & SearchValue & "'", conn)
            End If
            If mode = 3 Then
                cmd = New OleDbCommand("SELECT * FROM
[" & strFileName & "] where 제목 = '" & SearchValue & "'", conn)
            End If

            Dim da As New OleDbDataAdapter()

            da.SelectCommand = cmd
            Dim ds As New DataSet()

            da.Fill(ds)
            da.Dispose()
            Return ds.Tables(0)
         Catch
            Return Nothing
         Finally
            conn.Close()
         End Try
      Catch ex As Exception
      End Try
   End Function
```

```
    Private Sub Form1_Load(ByVal sender As System.Object, ByVal e
As System.EventArgs) Handles MyBase.Load

        SearchMode = 1 '1 전체 보기, 2 저자 검색, 3 제목 검색
        Label1.Text = "전체 보기"

        DataGridView1.ColumnHeadersVisible = True
        DataGridView1.AllowUserToAddRows = False
        DataGridView1.AllowUserToDeleteRows = False
        DataGridView1.AllowUserToOrderColumns = False
        DataGridView1.AllowUserToResizeColumns = False
        DataGridView1.AllowUserToResizeRows = False

        CustomerInfo = GetCsvData(Application.StartupPath,
"CustomerRecords.csv", "전체 보기", 1)
        Bind_Grid_CustomerInfo(CustomerInfo)

        DataGridView1.Columns(0).Width = 70
        DataGridView1.Columns(1).Width = 100
        DataGridView1.Columns(2).Width = 70
        DataGridView1.Columns(3).Width = 111
    End Sub

    Private Sub 전체보기ToolStripMenuItem_Click(ByVal sender As
System.Object, ByVal e As System.EventArgs) Handles 전체보기
ToolStripMenuItem.Click
```

```
        Me.Label1.Text = "전체 보기"
        SearchMode = 1
        SearchBook("전체 보기", SearchMode)
    End Sub

    Private Sub 저자검색ToolStripMenuItem_Click(ByVal sender As
System.Object,    ByVal e As System.EventArgs) Handles 저자검색
ToolStripMenuItem.Click
        Me.Label1.Text = "저자 검색"
        SearchMode = 2
    End Sub

    Private Sub 제목검색ToolStripMenuItem_Click(ByVal sender As
System.Object,    ByVal e As System.EventArgs) Handles 제목검색
ToolStripMenuItem.Click
        Me.Label1.Text = "제목 검색"
        SearchMode = 3
    End Sub


    Public Sub SearchBook(ByVal SearchValue As String, ByVal mode
As    Integer)
        CustomerInfo = GetCsvData(Application.StartupPath,
"CustomerRecords.csv", SearchValue, SearchMode)
        Bind_Grid_CustomerInfo(CustomerInfo)
    End Sub
```

```
    Private Sub MenuStrip1_ItemClicked(ByVal sender As System.
Object,     ByVal e As System.Windows.Forms.ToolStripItemClickedE
ventArgs)     Handles MenuStrip1.ItemClicked

    End Sub

    Private Sub Button1_Click(ByVal sender As System.Object, ByVal e
As     System.EventArgs) Handles Button1.Click
        If SearchMode = 1 Then SearchBook("전체 보기", SearchMode)
        SearchBook(TextBox1.Text, SearchMode)
    End Sub

End Class
```

이 프로그램의 앞 부분에 Imports 문장이 나타난다. 이는 외부에서 라이브러리를 불러와 사용하는 구문이다.

확인 학습 문제

1. 본문에서 만들었던 도서 검색 프로그램에 도서 입력 기능을 추가해 보자. 도서 입력에는 코드, 제목, 저자, 출판사를 입력할 수 있는 TextBox를 포함하는 GroupBox를 추가하여 아래 그림과 같이 컨트롤들을 구성해 보자. 도서 정보가 입력이 완료되면 전체 보기, 저자 검색, 제목 검색으로 데이터베이스가 정확히 입력되었는지 확인해 보자.

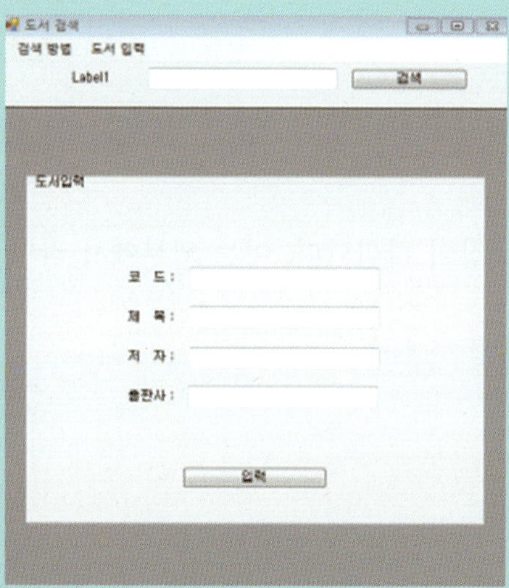

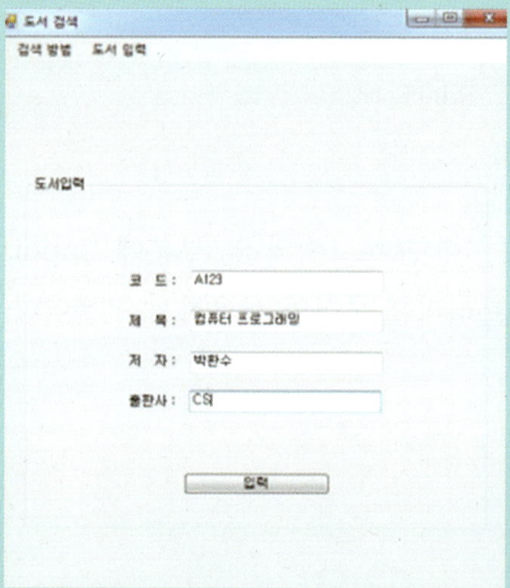

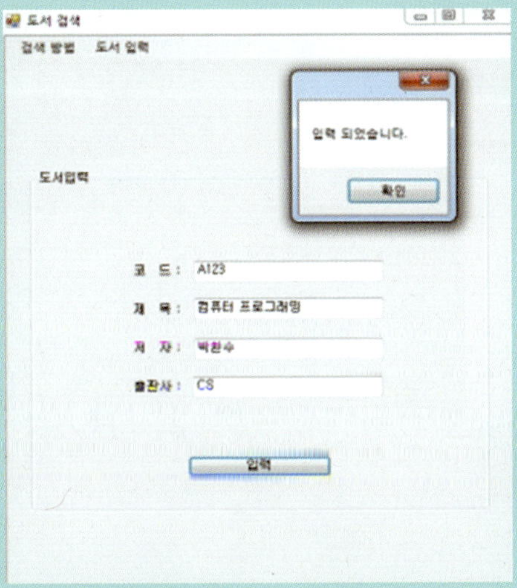
도서 검색
검색 방법
도서 입력
입력 되었습니다.
확인
도서입력
코 드 : A123
제 목 : 컴퓨터 프로그래밍
저 자 : 박찬수
출판사 : CS
입력

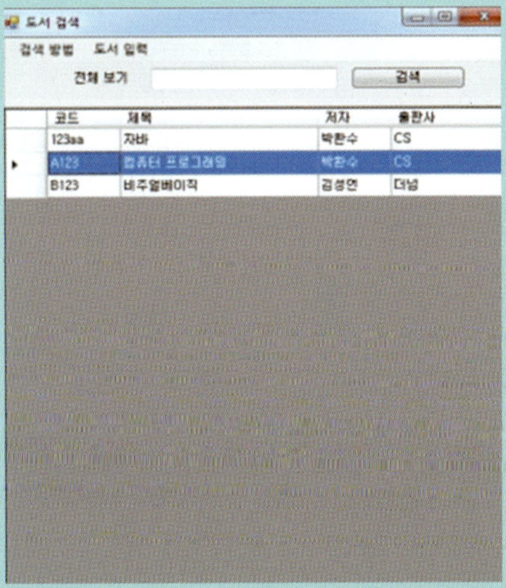
도서 검색
검색 방법
도서 입력
전체 보기
검색
코드
제목
저자
출판사
123aa
자바
박찬수
CS
A123
컴퓨터 프로그래밍
박찬수
CS
B123
비주얼베이직
김성연
더넘

13장

네트워크를 이용한 채팅 프로그램 만들기

컴퓨터와 컴퓨터가 서로 데이터를 주고받을 수 있도록 연결되어 있는 것을 네트워크라고 한다. 이 장에서는 이 네트워크(Network)의 개념과 네트워크에서의 통신 방법을 살펴본 다음에 이를 이용한 채팅 프로그램을 작성해 본다.

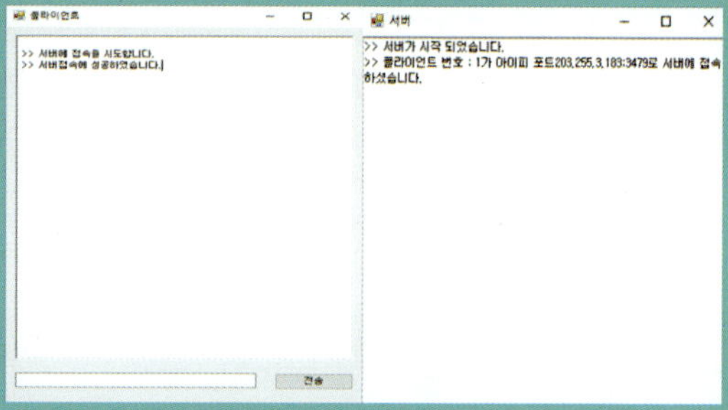

13.1 네트워크 통신 방법

컴퓨터 네트워크에서 컴퓨터가 서로 어떻게 통신할지 정의한 규칙을 통신 프로토콜(Protocol)이라고 한다. 컴퓨터에서는 이 프로토콜을 통해서 데이터를 주고받을 때 문자나 기호는 통신에 사용할 목적으로 부호화된다. 송신을 위해서 부호화되는 과정을 인코딩(Encoding)이라고 하며, 부호화되어서 전송된 데이터를 수신 측에서 문자나 기호로 복원하는 것을 디코딩(Decoding)이라고 한다.

이러한 네트워크를 구성하는 방식은 관리 주체에 따라서 크게 클라이언트/서버(Client/Server, C/S) 방식과 피어투피어(Peer to Peer, p2p) 방식으로 나뉜다. 클라이언트/서버 방식은 서버가 컴퓨터에서 모든 데이터를 관리하고 클라이언트는 서버가 제공하는 서비스를 통해 데이터를 사용하게 된다. 피어투피어 방식은 전용 서버 없이 모든 컴퓨터가 각자 데이터를 관리하고 필요할 때 네트워크를 통해 공유하는 방식이다. 따라서 피어투피어 방식에서는 각 컴퓨터들이 때에 따라 서버일 수도 있고 클라이언트일 수도 있다. 이러한 네트워크 구성을 이용하는 가장 손쉬운 통신 방법은 채팅을 하는 것이다.

우리는 <그림 13-1>과 같이 간단한 일대일 채팅 프로그램을 구현해 봄으로써 컴퓨터 프로그램들끼리 서로 데이터를 어떻게 통신하는지 알아본다. 이를 위해서는 채팅 서버와 채팅 클라이언트 프로그램이 각각 필요하다.

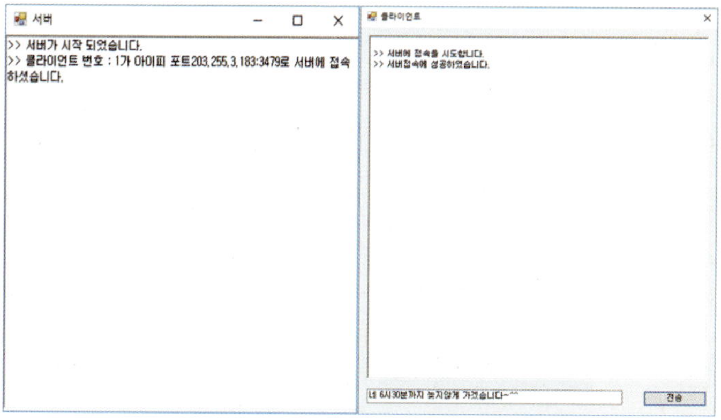

<그림 13-1> 채팅 프로그램의 운용

이 채팅 프로그램은 서버 컴퓨터의 서버 프로그램이 켜진 상태에서만 다른 컴퓨터들이 채팅 프로그램에 접속할 수 있다. 클라이언트 프로그램의 텍스트박스 안에서 보낼 메시지의 내용을 입력한 후 전송 버튼을 누르면 서버 클라이언트로 그 내용이 전송된다.

서버 프로그램과 클라이언트 프로그램의 기능은 크게 <그림 13-2>와 같이 나타낼 수 있다. 즉, <그림 13-2>는 서버 프로그램과 클라이언트 프로그램이 어떻게 작동하여 데이터를 송·수신하는지를 나타낸다. 서버 프로그램에서는 스레드(실행 프로그램 조각, Thread)를 생성한 후, 대기 소켓(Socket)을 생성하고 클라이언트로부터 연결이 오기를 기다렸다가, 연결이 되면 데이터를 송신하거나 수신할 수 있다. 클라이언트 프로그램에서도 서버 프로그램에 연결 신호를 보내어 서버 프로그램과 연결이 되면, 데이터를 송신하거나 수신할 수 있다.

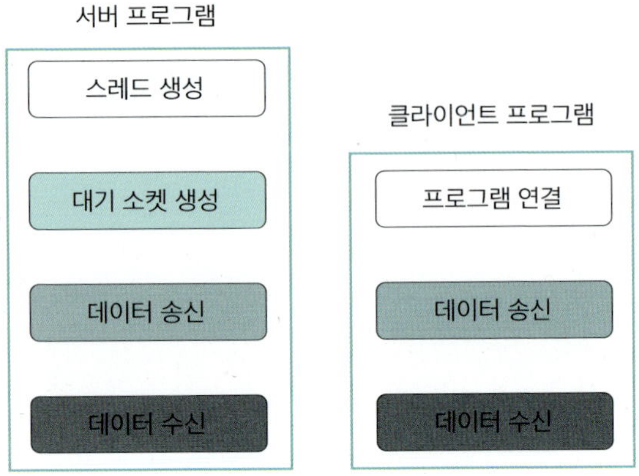

<그림 13-2> 프로그램의 연결

13.2 채팅 프로그램 만들기

채팅 프로그램을 만들기 위해서는 서버와 클라이언트 프로그램의 구성이 필요하다.

13.2.1 서버 프로그램

서버 프로그램을 만들기 위해서 먼저 <그림 13-3>과 같이 서버 화면을 설계해 본다. 새 프로젝트를 생성하고 서버의 기본 폼과 속성을 [표 13-1]과 같이 설정한다.

<그림 13-3> 서버의 기본 폼

[표 13-1] 서버 폼의 속성들

컨트롤	이름	속성	속성 값
Form	Form1	Text	서버
		FormBorderStyle	FixedSingle
		MaximizeBox	False
		MinimizeBox	False

이 기본 폼에 필요한 컨트롤들을 <그림 13-4>와 같이 배치하고 그들의 속성들을 [표 13-2]와 같이 지정해 준다.

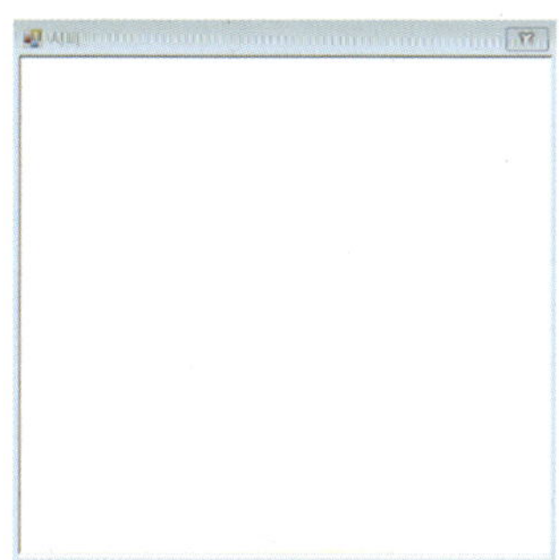

<그림 13-4> 서버 폼에 배치되는 컨트롤들

[표 13-2] 서버 폼의 컨트롤 속성

컨트롤 이름	속성	속성 값
RichTextBox1	ReadOnly	True

13.2.2 클라이언트 프로그램

클라이언트 프로그램은 서버와 다른 프로젝트에서 제작한다. 새 프로젝트를 생성하고 다음 <그림 13-6>과 [표 13-3]과 같이 기본 폼의 속성을 설정한다.

<그림 13-5> 클라이언트 프로그램의 기본 폼

[표 13-3] 클라이언트 폼의 속성들

컨트롤	이름	속성	속성 값
Form	Form1	Text	클라이언트
		FormBorderStyle	FixedSingle
		MaximizeBox	False
		MinimizeBox	False

그리고 이 폼 안에 놓이는 컨트롤 및 속성들을 다음 <그림 13-6>과 [표 13-4]와 같이 설정한다.

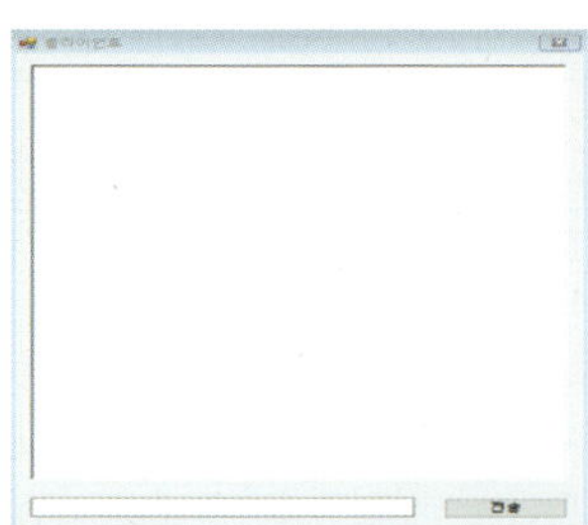

<그림 13-6> 클라이언트 프로그램 폼에 배치되는 컨트롤들

[표 13-4] 클라이언트 폼의 컨트롤 속성들

컨트롤 이름	속성	속성 값
RichTextBox1	(Name)	TextBox1
Button1	Text	전송

서버 프로그램의 메인 폼(Form1.vb)을 더블 클릭하여 아래와 같이 소스 코드를 작성한다.

```
Imports System.Net.Sockets '소켓 라이브러리를 추가시킨다.
Imports System.Text '읽기/쓰기를 가능케 하는 라이브러리를 추가시킨다.
Imports System.IO '수신된 데이터를 입출력하기 위한 텍스트 라이브러리를 추가
시킨다.

Public Class Form1
    Dim serverSocket As New TcpListener(8888) 'Tcp 방식으로 통신하는 소켓 변
수를 만든다. 포트 번호는 마지막에 적어 넣으면 된다.
    Dim clientSocket As TcpClient 'Tcp 방식으로 연결되는 클라이언트 변수를 생성
한다.
    Dim counter As Integer 'counter라는 클라이언트 접속 개수를 나타내는 변수를
생성한다.
    Dim clNo As String
    Private Sub Form1_Load(sender As Object, e As EventArgs) Handles MyBase.
Load
        Dim Thread1 As New System.Threading.Thread(AddressOf StartThread)
        Thread1.Start()
    End Sub

    Private Sub Form1_FormClosed(sender As Object, e As
```

```
FormClosedEventArgs) Handles MyBase.FormClosed
        serverSocket.Stop()
    End Sub

    Sub StartThread()
        serverSocket.Start()
        msg("서버가 시작 되었습니다.")
        counter = 0

        While (True)
            counter += 1 '클라이언트가 접속할 때마다 카운터는 1이 증가한다.
            clientSocket = serverSocket.AcceptTcpClient() 'ClientSocket에
serverSoket이 보유 중인 정보를 받아 온다.
            Dim getclientinfo As Net.IPEndPoint = clientSocket.Client.
RemoteEndPoint 'getClientinfo라는 변수에 클라이언트의 끝 점에 대한 정보를 받
아 온다.
            Dim ClientIP_Port As String = getclientinfo.Address.ToString + ":" +
getclientinfo.Port.ToString 'ClientIP_Port에 클라이언트의 Ip와 Port 정보를 담는
다.
            msg("클라이언트 번호: " + Convert.ToString(counter) + "가 아이피 포트"
+ Convert.ToString(ClientIP_Port) + "로 서버에 접속하셨습니다.")
            startClient(clientSocket, Convert.ToString(counter)) '클라이언트와 통신
을 시작한다.
        End While

        clientSocket.Close()
        serverSocket.Stop()
```

```
    End Sub

    Sub msg(ByVal mesg As String)
        mesg.Trim() 'mesg 변수에 담긴 문자열의 공백을 제거하고,
        RichTextBox1.AppendText(">> " + mesg + vbNewLine) '출력을 쓴다.
        RichTextBox1.ScrollToCaret()
    End Sub

    Public Sub startClient(ByVal inClientSocket As TcpClient, ByVal clineNo As
String)
        Me.clientSocket = inClientSocket
        Me.clNo = clineNo

        Dim ctThread As Threading.Thread = New Threading.Thread(AddressOf
doChat) '쓰레드 변수를 생성한다.
        ctThread.Start() '쓰레드를 시작한다.
    End Sub

    Public Sub doChat()
        Dim requestCount As Integer
        Dim byTesFrom(1024) As Byte
        Dim buffSize As Integer
        Dim dataFromClient As String
        Dim sendBytes As Byte()
        Dim serverResponse As String
        Dim rCount As String
        requestCount = 0
```

```
        While (True)
            Try
                requestCount += 1 '클라이언트의 개수를 증가시킨다.
                Dim networkStream As NetworkStream = clientSocket.GetStream()
'networkStream에 clientSocket에 전송된 스트림을 반환하고 clientSocket의 수신
버퍼 크기를 1024로 맞춘다.
                clientSocket.ReceiveBufferSize = 1024
                buffSize = clientSocket.ReceiveBufferSize
'buffsize 변수는 clientSocket의 버퍼사이즈로 바꾼다.
                networkStream.Read(byTesFrom, 0, buffSize)
'networkStream의 데이터를 읽어온다.
                dataFromClient = System.Text.Encoding.Default.
GetString(byTesFrom)
'dataFromclient는 bytesFrom에 받아진 텍스트를 넣고,
                dataFromClient = dataFromClient.Substring(0, dataFromClient.
IndexOf("$"))
'뒤에 $가 오는 문자열을 받았으니 다시 써 준다.
                rCount = Convert.ToString(requestCount)
                serverResponse = "클라이언트 번호" + clNo + " 가 " + rCount + " 번째
메시지를 보냈습니다."
                msg("클라이언트 번호 " + clNo + ": " + dataFromClient)
                sendBytes = Encoding.Default.GetBytes(serverResponse)
                networkStream.Write(sendBytes, 0, sendBytes.Length)
                networkStream.Write(sendBytes, 0, sendBytes.Length)
                networkStream.Flush()
                msg(serverResponse)
```

```
            Catch ex As Exception
                MsgBox(ex.ToString)
            End Try
        End While

    End Sub

    Private Sub RichTextBox1_TextChanged(sender As Object, e As EventArgs)
Handles RichTextBox1.TextChanged

    End Sub
End Class
```

이 프로그램의 앞부분에도 Imports 문장이 있다. 이는 앞의 도서 관리 프로그램에서와 같이 외부에서 미리 작성된 패키지를 불러오는 것으로 해당 패키지 내의 관련 함수들을 사용하기 위함이다. 이러한 통신 프로그램과 같이 큰 규모의 프로젝트에서는 이러한 기능이 자주 사용된다.

클라이언트 프로그램의 메인 폼(Form1.vb)을 더블클릭하여 아래와 같이 소스 코드를 작성한다.

```
Imports System.Net.Sockets
Imports System.Text
Imports System.IO

Public Class Form1
```

```
    Dim ServerIPAdress As String = "203.255.3.141" '서버 아이피
    Dim MainPort As String = 8888 '채팅서버 포트
    Dim clientSocket As New System.Net.Sockets.TcpClient() '메인소켓
    Dim serverStream As NetworkStream '네트워크 스트림

    Private Sub Form1_Load(sender As Object, e As EventArgs) Handles MyBase.
Load
        msg("서버에 접속을 시도합니다.")
        clientSocket.Connect(ServerIPAdress, MainPort)
        msg("서버 접속에 성공하였습니다.")
    End Sub

    Private Sub Button1_Click(sender As Object, e As EventArgs) Handles Button1.
Click
        Dim serverStream As NetworkStream = clientSocket.GetStream()
        Dim outStream As Byte() = System.Text.Encoding.Default.
GetBytes(TextBox1.Text + "$")
'outStream은 TextBox에 적힌 텍스트를 Bytes 형식으로 인코딩하여 넣는다.
        serverStream.Write(outStream, 0, outStream.Length)
        serverStream.Flush()

        Dim buffSize As Integer
        Dim inStream(1024) As Byte
        clientSocket.ReceiveBufferSize = 1024 'clientSocket의 수신 버퍼 크기는
1024로 해 준다.
        buffSize = clientSocket.ReceiveBufferSize 'buffSize는 clientSocket의 버퍼
크기가 되고 serverStream이 보낸 값을 읽어 온다.
```

```
        serverStream.Read(inStream, 0, inStream.Length)
        Dim returndata As String = System.Text.Encoding.Default.
GetString(inStream)
        MsgBox("서버와 통신 정보: " + returndata)
    End Sub

    Sub msg(ByVal mesg As String)
        RichTextBox1.AppendText(Environment.NewLine + " >> " + mesg)
        RichTextBox1.ScrollToCaret()
    End Sub

End Class
```

13.3 채팅 프로그램 실행시키기

서버 프로젝트에서 아래 <그림 13-7>과 같이 [빌드] - [(프로젝트 명) 빌드] 혹은 [디버그] - [(프로젝트명) 빌드]를 선택하여 서버 실행 프로그램을 구축한다. 그리고 클라이언트 프로젝트를 저장한 폴더의 [bin] - [Debug] 폴더 아래에 생성된 server.exe를 실행한다.

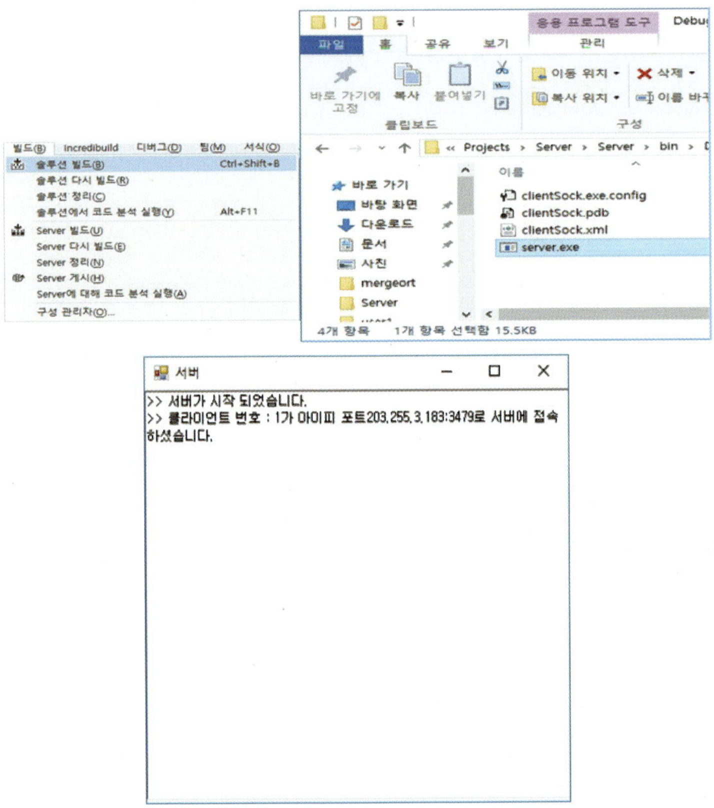

<그림 13-7> 서버 프로그램 실행하기

채팅 클라이언트 프로그램도 서버 클라이언트 프로그램과 동일한 방법으로 <그림 13-8>과 같이 구축하여 [bin] - [Debug] 폴더 아래에 생성된 client.exe를 실행한다.

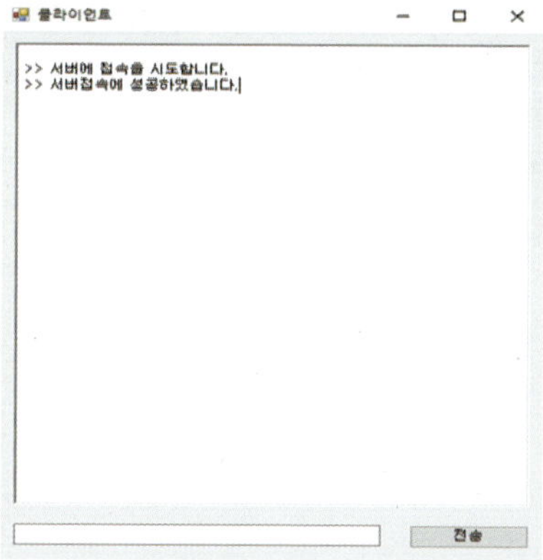

<그림 13-8> 클라이언트 프로그램 실행하기

통신을 하기 위해서는 두 대 이상의 컴퓨터가 필요하다. 서버 컴퓨터가 프로그램을 실행시키면 메시지를 주고받을 수 있는 환경이 만들어진다. 그 후 클라이언트 컴퓨터 프로그램을 실행한 후 메시지를 보내면, 보낸 메시지를 서버에서 실시간으로 확인할 수 있다.

<그림 13-9>과 같이 서버가 실행 중인 상태에서 클라이언트를 실행하면 '서버 접속에 성공하였습니다'라는 메시지를 확인할 수 있으며, 메시지를 입력한 후에 전송 버튼을 누르면 메시지를 전송할 수 있다. 사용자는 서버와 클라이언트에서 각각 송·수신 메시지를 확인할 수 있다.

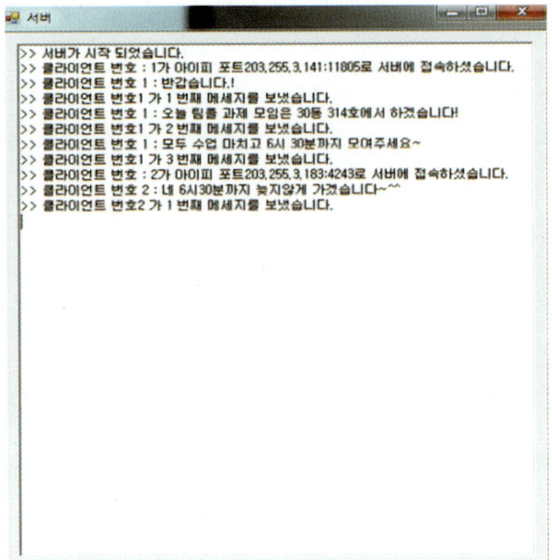

(a) 서버

(b) 클라이언트

<그림 13-9> 채팅 프로그램의 실행 결과

확인 학습 문제

1. 컴퓨터 네트워크와 프로토콜을 설명해 보자.

2. 컴퓨터 네트워크를 구성하는 서버/클라이언트 방식과 피어투피어 방식을 비교 설명해 보자.

3. 현재 컴퓨터 네트워크의 하부 통신 방법은 대부분 TCP/IP 프로토콜을 사용한다. TCP/IP 프로토콜을 설명해 보자.

4. 네트워크 계층 모델에는 여러 표준들이 존재한다. 그중 IOS/OSI 7계층 네트워크 모델을 설명해 보자.

5. 본문에서 작성한 채팅 프로그램의 설계 단계에서 서버/클라이언트 프로그램별 코드의 기능에 대해 설명해 보자.

참고문헌

1. 박석규, 『Guide Book 비주얼 베이직 프로그래밍』, 다올미디어, 2012.
2. 비주얼 스튜디오, https://www.visualstudio.com/ko/
3. 성창규, 전인호, 박성호, 『쉽게 배우는 컴퓨터 프로그램 Visual Basic』, 이한출판사, 2013.
4. 안동언, 이신원, 『알기 쉽게 해설한 Visual Basic 2010』, 이한 출판사, 2011.
5. 임관철, 『비주얼 베이직 2010(For Biginner)』, 한빛아카데미, 2014.
6. 임관철, 『비주얼 베이직 2015(For Beginner)』, 한빛아카데미, 2016.
7. 위키백과, https://ko.wikipedia.org/wiki
8. 정선호, 『비주얼 베이직 2015』, 생능출판, 2017.
9. Thearon Willis, Bryan Newsome(2010), 『*Beginning Microsoft Visual Basic 2010 2010*』, Wrox.

재미있게 배우는 비주얼 베이직 2017

초판 1쇄 발행 • 2018년 2월 28일
초판 2쇄 발행 • 2019년 9월 20일
초판 3쇄 발행 • 2021년 2월 20일

지은이 • [illegible]
펴낸이 • [illegible]
부　장 • 박현곤
디자인 • people communication

펴낸곳 • 경상국립대학교출판부
주소 • 경남 진주시 진주대로 501
전화 • 055) 772-0801(편집), 0802(디자인), 0803(도서 주문)
팩스 • 055) 772-0809
전자우편 • gspress@gnu.ac.kr
홈페이지 • http://gspress.gnu.ac.kr
페이스북 • https://www.facebook.com/gnupub
블 로 그 • https://gnubooks.tistory.com
등록 • 1989년 1월 7일 제16호

- 책값은 뒤표지에 있습니다.

이 도서의 국립중앙도서관 출판시도서목록(CIP)은 서지정보유통지원시스템 홈페이지(http://seoji.nl.go.kr)와
국가자료공동목록시스템(http://www.nl.go.kr/kolisnet)에서 이용하실 수 있습니다.
(CIP제어번호: CIP2018005502)